Té de fe

21 infusiones que nutren tu corazón

ENEIDA GONZÁLEZ

Editorial *Güipil*

Para otros materiales, visítanos en:
EditorialGuipil.com

Editorial Güipil

Editorial Güipil. Primera edición 2019
www.EditorialGuipil.com
Directora Editorial: Rebeca Segebre
Diseño y mercadeo: Victor Aparicio
Victor911.com / Vive360Media.com

ISBN-13: 978-1-7332447-5-6
ISBN-10: 1-7332447-5-1

Categoría: Crecimiento Personal / Familia / Vida práctica / Inspiración

DEDICATORIA:

Dedicado al realizador de los sueños: Dios, quien ha puesto todas las piezas necesarias para la creación y publicación de este libro.

A toda mujer que lea este libro, espero que le sea revelado que solo Dios Padre puede restaurarla y hacerla nueva por el poder de su amor.

A mis Padres: Dr: Castulo J. González y Eneida Diaz, por concebirme.

A mi esposo, J. Edwin por su paciencia y comprensión; y a mis hijos Natalia, Sheyla, Julio, que siempre me han echado porras para avanzar en cada proyecto que emprendo en pro de testificar la obra de Dios Padre.

Con especial gratitud a Sheyla Toro, mi hija, por traerme las memorias de vivencias y recordar lo que Dios ha hecho en nuestras vidas.

Para Antonita

Muy querida y generosa

Seque Perseverando Te dice Jesus

9/28/19.

4

AGRADECIMIENTOS

A mi pastor y mentor, Dr. Blas Ramirez, quien hace seis años me exige ensanchar la visión, inspirándome a ver el cuadro de la vida mas amplio. A la pastora Wanda, por sus oraciones.

A mis pastores, Andrés y Betzaida Martinez, por su apoyo incondicional, oraciones, consideración y estima.

Gracias a la comunidad Casa de Pan, mi segunda familia, con quien nos gozamos y en donde me han enseñado acerca de la unidad en Cristo y son mi fuente de inspiración para avanzar.

Profundo agradecimiento a mi casa Editorial Güipil, en especial a su presidenta, Rebeca Segebre, por creer en este proyecto y prestar su respaldo.

Gracias Marcela Arenas, mi gran amiga y mentora, quien desde hace nueve años me ha instado en llevar mis anécdotas al papel.

INTRODUCCIÓN:

Té de fe nació de un impulso interior en pro de la restauración de la mujer. Comencé a realizar programas en video sin conocer el panorama completo de lo que Dios quería hacer y solo me moví a donde Él poco a poco me fue llevando. Con el pasar del tiempo fui desarrollando una inquietud en mi corazón. Tengo en casa una colección extensa de vasijas para preparar el té. Estas fueron alegóricas y dieron inicio a esa inspiración donde Dios empezó a entregarme distintos mensajes de restauración. Mi corazón se fue llegando con analogías que encajan perfectamente con el proceso que deben llevar las vasijas de barro para ser formadas.

Es interesante cuando descubrimos lo útiles que podemos llegar a ser y cómo podemos alcanzar la plenitud en nuestras vidas, desempeñando el diseño original que tenemos de manera efectiva, cuando nos dejamos moldear por las manos del alfarero.

Té de fe ....

Hace diez años aproximadamente empecé a coleccionar teteras, me llamaban mucho la atención los diseños, colores y diferentes estilos, al punto que amigos y familiares empezaron a regalarme teteras. Sin embargo, un día escuché una voz que me dijo claramente al oído: «Jeremías 18». Empecé a buscar qué decía ese pasaje y vi que justamente hablaba de la parábola del alfarero. En ese mismo tiempo una amiga muy cercana me compartió la historia de una tetera y los procesos por los que tuvo que pasar para llegar a ser una vasija valiosa, llamativa y útil.

Lo que empezó natural e involuntariamente, cobró sentido y fue cuando pude unir cabos entendiendo que el Alfarero, nuestro Creador, también tiene el poder para hacernos de nuevo cuando hay fisuras que no ceden. Supe que era un mensaje de confirmación cuando mi amiga me compartió esta historia y fue allí donde nació este proyecto de divinas infusiones *Té de fe*. Tiene ese nombre porque se enfoca en llevar mensajes de restauración a esas vasijas que aún no han alcanzado su desempeño original.

Este libro es una invitación a dejarte formar por el mejor alfarero: Jesús. La buena formación de nuestro carácter será determinante para alcanzar nuestro destino. Así que amiga, ¿nos tomamos un té? Te invito a que **separes un tiempo cada día con Dios y permitas que Él nutra tu corazón y restaure tu vida.**

Esta colección de reflexiones actuará en tu vida para restaurarte, ayudarte a ser una mujer llena y completa en todas las áreas: la física, emocional y la espiritual. Cada té está diseñado para liberarte, de manera que ya no estés presa de tus emociones y te conviertas en una mujer libre en lo espiritual y lo físico.

Creo que este libro traerá libertad y empoderamiento a toda mujer que se atreva a creer en las promesas de Dios. Es mi deseo que con cada té de fe disfrutes y también puedas gozar de muchos beneficios en tu alma:

Serás liberada de las ataduras del alma que adquiriste al involucrarte en relaciones tóxicas y serás protegida de la melancolía de los recuerdos de tu pasado.

Conseguirás el impulso para ser rescatada de la codependencia de los ex maridos, ex novios o amistades que te afectaron debido a las opresiones fuertes que traían estas personas a tu vida.

Adquirirás conocimiento de la Palabra de Dios, la cual te empodera y te da autoridad para afrontar cualquier situación.

¿Por qué me interesa tu restauración? Porque cuando estás restaurada puedes levantarte, lograr tus metas y cumplir el propósito de Dios. Dejas de dar vueltas en el *barco titánico* de tu vida. Dejas de cometer errores innecesarios. Una mujer restaurada se ama y está consciente de lo que ella representa para Dios, por lo tanto difícilmente se involucra en relaciones no apropiadas, ni toma decisiones que comprometen su integridad. **Una mujer de fe** tiene claro su destino.

Te invito a tomar un té para que te calmes. Luego seguiremos nuestro encuentro diario con un té estabilizante y luego un poderoso desintoxicante. Puedes mantenerte saludable con un té diario, una dosis de té de fe que nutre tu corazón y restaura tu vida.

En estos 21 tés encontrarás un mensaje que hablará directo a tu corazón. Recuerda que llevas la esencia divina dentro de ti. No la dejes enfriar.

TABLA DE CONTENIDO

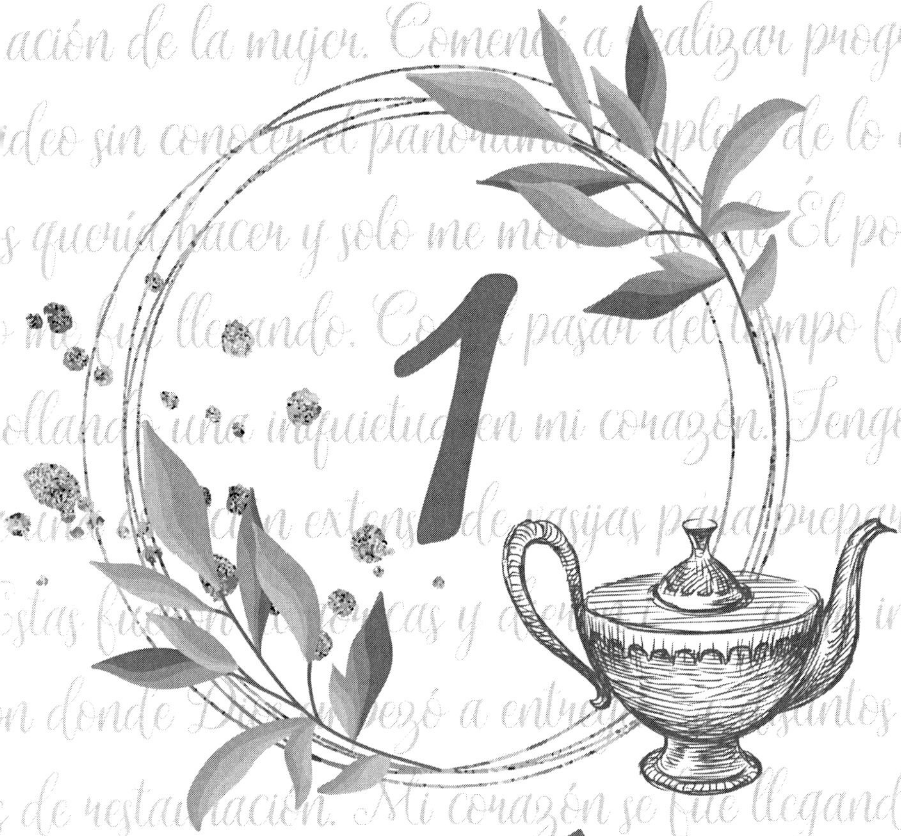

1

TÉ Calmante

Todos necesitamos de vez en cuando tomar un té calmante. Cada oportunidad que llamo a mi mamá por una situación, porque estoy preocupada, tengo un problema digestivo o subí unas libritas de peso o porque no puedo dormir, ella me dice que me tome un té de manzanilla. Mis tías dicen que mi mamá recomienda la manzanilla hasta para la mala situación económica. Aunque suene gracioso, en cierta manera tiene sentido: no podemos resolver los problemas de cualquier índole si primero no estamos calmados; y el té de manzanilla es un gran digestivo que también ayuda para calmar los nervios.

¿Algunas ves has pensado: «Mi vida es un desastre»? Si es así, entonces probablemente estás experimentando un gran nivel de estrés.

El estrés parece una epidemia en nuestros días por muchas razones. Las personas pueden experimentarlo constantemente en situaciones laborales o en sus relaciones interpersonales. Lo que causa mayor estrés es cuando la persona que está trabajando en un lugar se siente incómoda, no aceptada, rechazada y por lo tanto, está deseando no estar allí y en su mente quiere estar en ese otro lugar al que ha idealizado. Si esto sucede por mucho tiempo y no toma acción para el cambio, se produce el estrés crónico. También sucede cuando estamos en una relación sentimental que nos está trayendo problemas, creemos que comenzar otra relación es la única solución y queremos salir corriendo, pero no lo hacemos. No tomamos una acción para el cambio. Sin embargo, aunque sea común experimentar situaciones de estrés, debemos ser cautelosos debido a que este es el causante de muchas enfermedades. Todos podemos tener un día estresado o una experiencia que nos deje temerosos; pero lo difícil es cuando experimentamos estrés crónico por mucho tiempo porque nos debilita el alma y cuerpo.

Debes ser proactiva y tomar una acción preventiva relacionada a la parte física: asegúrate de tomar bastante agua y tés calmantes como el tilo y también el Ginseng que ayuda a proteger tu cuerpo de los efectos del estrés crónico. Asegúrate de dormir bien y por el tiempo adecuado, de acuerdo a tu necesidad. También es importante comer de manera saludable y hacer ejercicio. Estas son medidas importantes para asegurarnos que todo funciona bien con nuestro cuerpo y reducir el estrés físico al tiempo que se regenera nuestro cuerpo.

TOMÉMONOS UN TÉ CALMANTE

Nuestros cuerpos están diseñados para recuperarse por medio del descanso y la relajación. Cuando esto es difícil debido a que llevamos mucho tiempo experimentando estrés, debemos tomarnos el tiempo para poner atención a la situación causante y tomar medidas para reducir el estrés cotidiano.

Si tu vida es un *desastre*, estos son los pasos que te recomiendo tomar:

Considerar los hechos: Muchas veces suceden cosas negativas en nuestra vida, pero adicionalmente le agregamos pensamientos muy negativos y nos llenamos de temor por cosas que no han sucedido aun: son las cosas que creemos que podrían suceder y nos atormentan como si ya hubiesen ocurrido. Debemos describir solo los hechos y no nuestros temores del futuro.

Aceptar: Aceptar es tomar conciencia de que algo no está bien. Debemos hacer una lista, un inventario de lo que pensamos que está mal y ponerlo en oración y hacer un plan de acción.

Evaluar las opciones: Cuando hemos estado en una situación por mucho tiempo, creemos que no hay salida. Nosotros mismos construimos una cárcel de la que es imposible salir porque nuestra mente no razona, no camina hacia la salida y no se le ocurre que tal vez la puerta no tiene cerrojo. Cuando evaluamos opciones es natural que examinemos cuáles serán las consecuencias de nuestras decisiones. Lo que más nos detiene es el miedo a perder lo que tenemos en la mano en ese momento. Cambiar de ciudad requiere perder la oportunidad de visitar a tus amigos o divertirte en los mismos lugares que amas. Cambiar de trabajo puede que implique tomar un bus a un lugar mucho más lejano de tu casa y perder tiempo precioso que ahora utilizas para estar con tus hijos. Todo esto es válido. Sin embargo, no temas dejar cosas que realmente no necesitas.

Visualizar: El estrés es principalmente causado por querer salir de una situación y desear estar en otra; en lugar de que este deseo agrave la situación utilízalo para visualizar el futuro que deseas. Escribe tu sueño y visualízalo en tu mente como si ya fuese realidad. Por ejemplo, si deseas mudarte de ciudad, toma un periódico de esa ciudad, busca las fotografías en internet de los sitios que la ciudad ofrece y visualízate viviendo allí.

Accionar: Lo que cambia tu situación es la acción. La razón de todos los pasos anteriores es para poder llegar a la acción que transforma tu situación. Asegúrate de accionar de la siguiente manera:

- Llévalo a Dios en oración: Las Sagradas Escrituras nos dicen esto sobre el afán y la ansiedad: «No se preocupen por nada; en cambio, oren por todo. Díganle a Dios lo que necesitan y denle gracias por todo lo que él ha hecho. Así experimentarán la paz de Dios, que supera todo lo que podemos entender. La paz de Dios cuidará su corazón y su mente mientras vivan en Cristo Jesús.» Filipenses 4:6 (NTV).

La oración es traer a Dios nuestros afanes y reconocer que Él tiene el control que nosotros no tenemos.

🍃 Abre tus ojos: En nuestro tiempo de oración debemos tener nuestros ojos espirituales abiertos para ver las oportunidades que esta crisis nos trae y darle gracias a Dios por ello.

Escribe una lista de todo lo que puedes hacer en este momento para que la situación (o situaciones) que te estresa comience a mejorar. Decide comenzar a enumerar hoy los pasos que tomarás.

Si necesitas tomarte este té calmante, te aconsejo que no olvides respirar profundo y cuando lo hagas piensa en el inmenso amor que Dios tiene por ti. Respira su amor y paz y expira todo lo que ya no te sirve: los malos pensamientos, las palabras que te marcaron y la falta de perdón. Si así lo haces, gozarás de la paz que sobrepasa todo entendimiento.

2

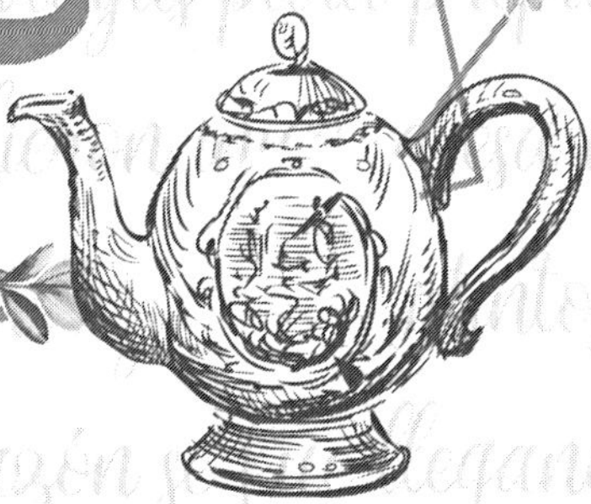

Té Desintoxicante

Mi abuela decía: «Lo que no mata te hace más fuerte». Eso me lo decía antes de darme un purgante a base de aceite de coco, piña, leche de magnesio, linaza, y otros menjurjes que agregaba a medida que esperaba por mí, ya que con firmeza y *la penca en la mano* me hacía tomar esto.

Según nuestras abuelas sabias, los tés se debían tomar al momento de cambio de temporada. Cada cierto tiempo debíamos depurarnos. Con ese purgante salía hasta lo que no era parásito. Ese concepto es necesario tanto para la vida física como para la mente: debemos depurarnos.

De esta manera radical y quizá no muy agradable debemos limpiar nuestra alma.

Así como nuestro cuerpo se va cargando y llenando de toxinas, y empezamos a experimentar cansancio y fatiga a causa de ese envenenamiento acumulado en nuestro sistema, así también sucede con nuestra alma.

Cargamos todo el bagazo que arrastramos al paso de nuestras malas experiencias pasadas, conflictos familiares, abusos y traumas de infancia que contaminan nuestra alma y nos atan espiritualmente.

Yo siempre digo que querer triunfar sin limpiar nuestra vida es como dar *vueltas titánicas*. Es como si tratáramos de acomodar las sillas en el Titanic mientras se está hundiendo. ¿Te imaginas lo que pasaría si un barco, como el Titanic, se estuviera hundiendo y al ver las sillas moverse de un lado a otro alguien comienza a tratar de arreglarlas? La persona que intente esto se irá al mar con todo y silla.

Muchas veces estamos en el lugar erróneo con las relaciones equivocadas, puede que estas sean tóxicas y tratemos de arreglar nuestra vida alrededor de ellos en lugar de salir de ese punto en donde las personas no tienen el entendimiento del futuro y destino divino que está en juego para ti.

ES HORA QUE REFLEXIONEMOS JUNTAS TOMÁNDONOS UN TÉ
....

Haz memorias de cuánto tiempo has gastado en lograr tus sueños o metas; considera tus resultados. ¿Te has preguntado por qué no has llegado a donde quieres?

En lugar de dar vueltas y procrastinar la decisión de hacer el cambio requerido, debemos limpiar nuestras vidas de lo que estorba. Estos son los siete ingredientes que te recomiendo que mezcles en el té para desintoxicar tu vida:

Té de fe ....

❦ Todo comienza con el perdón hacia ti misma y todo aquel que te haya ofendido. Recuerda que la respiración consiste de inhalar y exhalar. Decide inhalar el amor de Dios y exhalar todo rencor por medio del perdón a todo aquel que te haya ofendido.

❦ Examina tu corazón delante de Dios. Oremos las palabras del Salmo 51. Comencemos por pedirle al Señor que nos revele la condición de nuestro corazón ya que no podemos cambiar algo que está mal si nosotros mismos no lo vemos. Cuando dejó de justificar su pecado, David le pidió a Dios que limpiara su corazón y decidió hacer un cambio.

❦ Erradiquemos todo lo que intoxica: rebeldía, relaciones dañinas, envidias, hábitos malsanos, palabras sucias, amargura. **Debemos sacar de nuestro entorno lo que a Dios no le agrada.**

❦ Desarraiguemos todo lastre innecesario de nuestros lomos: responsabilidades ajenas y culpabilidad. Dejemos de buscar culpables. Cuando culpamos a alguien de nuestra situación les estamos entregando las llaves de nuestra libertad.

❦ Aceptemos los errores como equipamiento para hacer mejor las cosas. Las crisis pueden ser utilizadas como un motor para crecer.

🍵 Aceptemos a Jesús como único Salvador y Señor de nuestra alma. Decide que necesitas relacionarte con Dios de una manera diferente. Entrégale tu vida para que te dirija y no solo como un boleto para ir al cielo cuando mueras.

🍵 Consagrémonos en santidad a Dios.

Espero que este té que te ofrezco te ayude a despejar el camino para que llegues victoriosa a cumplir el verdadero propósito en tu vida y seas una vasija útil que sirve en el reino de Dios.

Quisiera sellar este té con una oración. ¿Te parece si oramos juntas? Gracias, Señor, porque podemos limpiarnos de lo que nosotras mismas hemos traído a nuestra vida y que ahora solo estorba. Te entrego mi vida para que me limpies primero de mi pecado y luego me ayudes a ver qué otras cosas están de más para comenzar a desintoxicarme por completo.

3

TÉ
Relajante

𝓜𝓲 𝓪𝓫𝓾𝓮𝓵𝓪 decía: «Vísteme despacio que voy de prisa». ¿Has escuchado el cuento del conejo y la tortuga? La liebre siempre se burlaba de la lentitud de la tortuga y la retó a una carrera porque sabía que podía ganarle. La tortuga aceptó, y a su paso firme avanzó; pero la liebre se burlaba de su lentitud y hasta se tomó un tiempo para mofarse, así gastó sus energías y debido a eso se quedó dormida. Mientras tanto, la tortuga avanzó y sonriendo llegó a su meta, dejando a la liebre atrás y vencida.

EL AFÁN, ENEMIGO DE TU PAZ

En las Sagradas Escrituras encontramos la historia de una visita que hizo Jesús a la casa de una mujer llamada Marta,; la historia la puedes leer en el capítulo diez del evangelio de Lucas 10:38.

Muchas mujeres seguían a Jesús, sin embargo, dos mujeres privilegiadas, Marta y su hermana María, eran sus amigas. ¿Te imaginas poder decir: «Jesús es mi amigo y viene hoy a quedarse en mi casa»? ¡Qué gozo, el de Marta en especial, de poder hospedar al Salvador en su casa! Su hermana María, que no sabemos si vivía en la misma casa que ella, al ver a Jesús se sentó a sus pies para escuchar y aprender mientras Marta se preocupaba en ser una buena anfitriona. Nosotras las mujeres tendemos a preocuparnos por muchas cosas; pero Jesús nos dejó a todas una buena lección de vida cuando dijo: «Hay una sola cosa por la que vale la pena preocuparse. María la ha descubierto...» Y tú, ¿has descubierto cuál es esa cosa por la que vale la pena preocuparse?

Marta era víctima del afán y eso le hizo perder por completo el momento más transcendental de su vida. Lo digo porque en lugar de escuchar a Jesús se dedicó a quejarse de su situación del día. ¿Te imaginas? El Señor en persona de visita tenía tanto que decir y qué enseñarles y Marta se dedicó a desahogarse y a decirle cómo se sentía debido a lo injusta que estaba siendo su hermana.

Las consecuencias de dejarnos llevar por el afán de hacer más de lo que se puede en el momento te enferman, te atrasan, te frustran y te obligan a buscar culpables. No conocer tus prioridades te produce afán. Cuando no estás enfocada en lo que realmente deseas alcanzar, cuál es tu meta del día y de tu vida, entonces te ocuparás realizar en muchas cosas que en realidad son opcionales. No puedes hacer todo, es necesario que decidas de acuerdo a las prioridades. Si el afán llega a convertirse en algo diario, puede ser tan terrible como le sucedió a Marta: te roba el tiempo para fortalecer tu fe.

Al mismo tiempo, la falta de fe en Dios y el no poder colocar nuestra confianza en la bondad de Dios nos produce estrés. ¿Ves cómo esto se puede sentir como una mecedora? Por más que una persona se mesa rápido en la mecedora y parece que estuviera moviéndose, siempre termina en el mismo lugar y agotada. El afán te roba la fe.

El estrés es una constante en nuestras vidas. El té relajante que necesitamos tomar es tiempo a solas con Jesús. Conocer la dirección hacia donde queremos ir es más importante que la velocidad que llevamos; hay muchos que van rápido pero no tienen una dirección definida y al final no llegan a ningún lado.

El estrés parece un elemento fijo. A veces, una situación tan simple como conducir en tráfico, tener que manejar una situación difícil con un niño o llegar tarde a una reunión de trabajo o una cita con un cliente puede hacer que todo tu sistema nervioso permanezca alterado por muchas horas después del evento. Tener un té calmante a la mano durante días en que la vida se sienta un poco abrumadora ayuda a recuperar el equilibrio. Tomar tiempo con Dios recordando su bondad y sus promesas será como un té calmante para el alma y es una buena manera de establecer un patrón espiritual que refuerza los sentimientos y las acciones saludables y nos mantiene calmadas. Estar relajadas nos ayuda a navegar las situaciones tensas, mantener las prioridades y ver las oportunidades repentinas que nos envía el Señor.

¿Algunas veces te has sentido como Martha y que por el afán de la sobrevivencia te has perdido bendiciones incomparables? Busca el reino de Dios y Su justicia y todo lo demás será añadido. Solo haz tu parte, toma este té y descansa en el Señor.

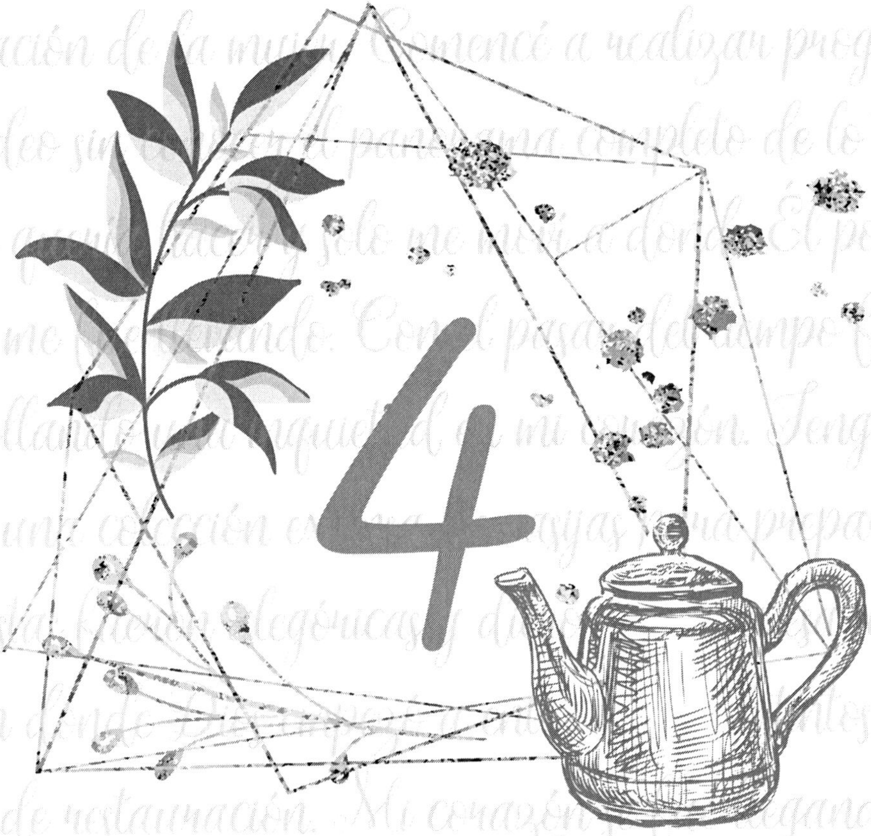

4

TÉ Adelgazante

Hablemos de peso. ¿Te sientes con unas libritas de más? Te invito a tomarte este té adelgazante que te ayudará a reducir el peso de las cargas emocionales.

En una ocasión, un hombre cargaba un grande saco de piedras que sacó del río para un proyecto en su casa, la cual quedaba a varios kilómetros de distancia. De repente un camión le alcanzó y le ofreció ayuda para acercarlo a su casa. Como los asientos estaban ocupados, entonces él fue atrás, en el platón del camión. El conductor advirtió por el espejo retrovisor que el hombre estaba en el camión sentado, pero todavía cargaba el bulto de piedras encima.

Así nos pasa a nosotras, tenemos pesadas cargas, dolores, rencores, resentimientos por rechazo, marcas de abuso y carencias materiales y que nos enferman de estrés, nos agotan y pareciera que cada día nos aplastan.

Nos sucede que, teniendo un encuentro con Jesús y hasta practicando la fe, seguimos cargando esos bultos de piedras innecesarios.

Como mujeres que somos tenemos un corazón maternal; y es ese corazón el que nos impulsa a recoger bultos de todo aquel que nos ofrece su carga. Estamos a punto de caernos y aún así recibimos no solamente los de nuestra hermana, tía, prima y hasta la vecina, sino que a veces, por sentirnos aceptadas, asumimos cargas que no debemos. Nos acostumbramos tanto al peso que no percibimos el cansancio. Nos acostumbramos a vivir así y el día que descansamos forzadamente sentimos que no merecemos ese descanso. Con los bultos emocionales del pasado sucede igual; creemos ya habíamos nacido con ellos y hasta aprendemos a correr con ellos, sin embargo no somos efectivas y ligeras como quisiéramos o deberíamos. Si te alimentas bien pero no manejas bien el peso de las emociones, tu cuerpo se inflamará. Es como si el peso que llevamos en el alma comenzara a mostrarse en el exterior por medio de la inflamación.

Decimos que perdonamos, sin embargo no olvidamos. Creemos que ya no odiamos, pero no bendecimos a quien nos ofendió, creemos haber sido sanadas del rechazo, del abandono y sin embargo seguimos sangrando en nuestro corazón, creemos que todas las personas nos quieren engañar o hacer daño; no soñamos para no arriesgar el riesgo de fracasar y tenemos miedo a perder.

Dios es todopoderoso para hacernos descansar, no solo a ti, sino a toda tu familia. Si conoces al Señor Jesús puedes descansar en que tú y tu casa serán salvos. Quiero declarar sobre ti las palabras que el apóstol Pablo le dijo al carcelero que estaba a punto de quitarse la vida:

«Cree en el Señor Jesucristo, y serás salvo, tú y tu casa.» Hechos 16:31 (RV60)

Déjate cargar y mimar por Jesús. Él nos ama con amor incomparable y eterno.

El té de fe que debemos tomar es el aceptar la invitación de Jesús que nos dice:

«Venid a mí todos los que estáis trabajados y cargados, y yo os haré descansar.»

Mateo 11:28 (RV60)

Créelo. Jesús es tan poderoso que quiere y puede llevar nuestras cargas, y las de tu familia; lo único que debes hacer es confiar en Su poder y en lo que dice Él de ti.

Este mismo texto, en la Nueva Traducción Viviente, dice:

«Vengan a mí todos los que están cansados y llevan cargas pesadas, y yo les daré descanso. Pónganse mi yugo. Déjenme enseñarles, porque yo soy humilde y tierno de corazón, y encontrarán descanso para el alma. Pues mi yugo es fácil de llevar y la carga que les doy es liviana.»

Muchas veces, debido a las cargas pesadas, tenemos la tentación de ir a los familiares y amigos a desahogarnos y terminamos quejándonos. Al final, la gente comienza a evitarnos o a no invitarnos a estar con ellos en sus reuniones o fiestas. Nadie quiere la compañía de una persona con problemas. Pero Jesús es el único que nos invita a venir a Él cuando las cargas son muy pesadas. Aceptemos su invitación. Nos dice que Él mismo nos enseñará a vivir y que adicionalmente encontraremos descanso. En ocasiones lo que tenemos es un debilitamiento espiritual debido al peso de lo que cargamos; cuando nos acercamos a Jesús, Él nos enseñará a ser humildes, a perdonar, a ser compasivos y tendremos a nuestra disponibilidad Su amor y todo Su poder para realizar milagros en tu favor.

Mantengamos la expectativa de que Dios puede cambiar nuestras circunstancias en un segundo porque a Él le encanta lucir Su gloria. Adicionalmente, cuando venimos a Él, nos enseñará a vivir de tal manera que no tengamos que sufrir el peso de una carga pesada si volvemos a caer en esa circunstancia.

Acompáñame en esta oración:

«Señor, perdóname por confiar en mis propias fuerzas y posibilidades. Reconozco que me siento cansada, agotada y frustrada por no alcanzar mi propósito y todo aquello que anhela mi corazón. Te necesito, Jesús, creo en tu Palabra y tu poder infinito y anhelo tu santa voluntad en mi vida. Amén.»

5

TÉ
Diurético

Los pecados y la iniquidad que viene a causa de cadenas generacionales que se alojan en el espíritu de la persona bloquean la vida plena que Jesús murió para darnos; y en la parte física obstruyen el sistema linfático y afecta aun los huesos.

Hay mujeres que se me acercan diciéndome que las dietas no les resultan efectivas y cuando comenzamos a hablar un poco más me dicen que los pies se les hinchan y que parece que tienen mala circulación. Todo estos son síntomas de retención de líquidos lo cual causa hinchazón. Simplemente hacer dieta no las hará verse más delgadas porque el problema es relacionado a las toxinas que cargan. Cuando retenemos toxinas tenemos que limpiarnos por dentro. De igual manera sucede con el alma: no seremos felices si no sacamos las cosas que nos contaminan.

Existen mujeres que dicen que no saben por qué no son felices aun cuando están haciendo todo lo posible para lograrlo. No importa qué tan buena situación económica tengas o si estás casada con el mejor esposo del mundo o tengas los hijos más obedientes, no podrás ser feliz si tu alma se encuentra intoxicada con una o más de estas actitudes que contaminan tu alma:

1. Darle importancia a todos los sucesos negativos de tu vida, creando un problema de las situaciones cotidianas que resultan inoportunas para ti. Recuerda, con esta actitud no podrás ser feliz. Necesitas aprender a manejar los sucesos negativos del día a día para que cuando lleguen las dificultades grandes, no te destruyan por completo.

2. Pensar que siempre tienes la razón. Cuando creemos que solo existe una verdad absoluta: la nuestra. Si al trabajar en equipo sientes que si la propuesta no es 100 % tuya no merece la pena, no podrás ser feliz. Esto igualmente se hace más verídico cuando atravesamos traumas y problemas graves, cuando el dolor y la pena nos asalta, necesitamos estar abiertos a hacer cosas para nuestro bienestar que tal vez no habíamos hecho antes o movernos a un lugar que no conocíamos anteriormente.

3. Vivir trastornada con tu pasado. Si eliges un acontecimiento negativo de tu memoria, lo conviertes en un recuerdo imborrable y lo traes a tu mente una y otra vez y solo vives para pensar en ello, simplemente no podrás ser feliz.

4. Cuando vives para el futuro y como si el presente no valiera la pena. Cuando aplazas disfrutar la vida, no vives a plenitud ni disfrutas el momento presente.

5. Decidir que no te perdonarás por algún suceso en la vida.

6. Pensar que es definitivamente necesario ser amada y aprobada por todas las personas que conoces y en todo momento.

7. Cuando crees que debes ser infalible y perfecta en toda actividad que emprendas.

Mirando esta lista más profundamente podríamos resumir que existen cuatro causas vinculadas al sufrimiento y a la infelicidad:

- La manera en que miramos a nuestro pasado y nos aferramos al ayer.

- La falta de sentido en la vida presente.

- No conocer tu verdadera identidad.

- El miedo al cambio.

La vida está hecha de cambios constantes. Sin embargo, la gente muchas veces trata que nada cambie en su vida, lo cual les hace sentir infelices.

En la parte física, los médicos nos recomiendan comer alimentos especiales para eliminar líquidos y toxinas de tal manera que no tengamos que hacer uso de medicamentos con acción diurética ya que estos, a la larga, pueden ocasionar ciertos problemas de salud. Por eso, te recomiendo que optes por introducir **diuréticos naturales** en tu dieta para llevar una vida saludable.

La piña es una de las frutas con más poder diurético porque es antioxidante y nutritiva. Como hierba, te recomiendo el perejil, la cual también ayuda a remediar los problemas de cálculos en los riñones. Finalmente te aconsejo consumir pepino y apio, ambos tienen muchos beneficios para el organismo a la hora de desintoxicarnos y prevenir la retención de líquidos en el cuerpo.

¿Cuáles serían los diuréticos naturales para el alma?

Para comenzar debemos deshacernos de los pensamientos tóxicos que enumeré anteriormente. Lo próximo es llenarnos de fe para el presente y de esperanza en Dios para nuestro futuro.

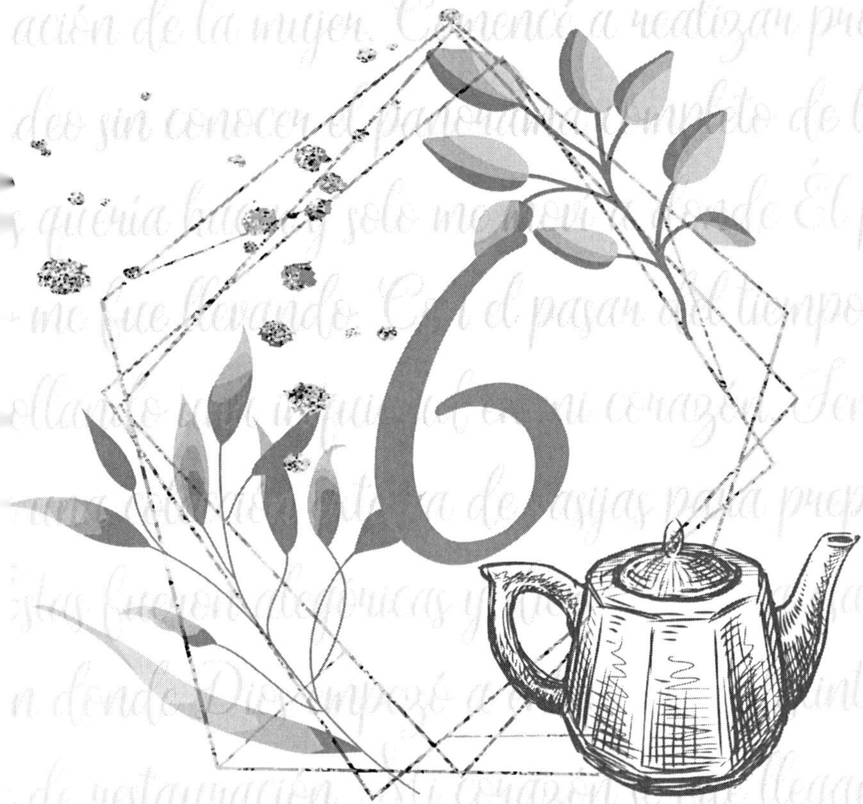

6

TÉ

Digestivo

«*No os conforméis* a este siglo, sino transformaos por medio de la renovación de vuestro entendimiento, para que comprobéis cuál sea la buena voluntad de Dios, agradable y perfecta.» Romanos 12:2

¿Has visto una oruga antes de su transformación? Este animal era un húmedo y baboso gusanito que se deslizaba por las ramas de un árbol, enfrentándose a millares de depredadores en su proceso de transformación, proceso que le tomó varios años. Cambiaba de color y de forma como estrategia de camuflaje para pasar desapercibida y no ser devorada por sus enemigos. El miedo la aterrorizaba, así que se aferraba a una rama. La oruga come como nunca en esa época de su existencia; digiere muy bien y metaboliza ese alimento para una maravillosa transformación. Hay orugas que comen por glotonas, por ansiedad quizá, pero esta en particular comía por necesidad. La salvia era su combustible para subsistir. La oruga de esta historia comía como devorando para resistir esta transformación milagrosa pues ella sabía que debía trascender. Al final fue capaz de volar con sus alas todavía húmedas para entrenarse en una nueva aventura de vivir.

Así como la oruga, tu presente quizá no es el mejor y quizá tu pasado de gusano no te deja avanzar. No te has despertado de la rama y crees que todavía huyes de los depredadores y que todavía estás en un saco que no te deja avanzar; pero ¡¡hay buenas noticias!! La etapa de supervivencia ya pasó, ahora tienes alas. Puedes volar alto y tocar muchas flores.

Nosotras, como la oruga, debemos comer de la sabiduría de Dios para sobrevivir y ser transformadas y volar alto. Bebamos de Su amor para estar llenas de bondad y compasión, esto nos hará robustas para la gran aventura de la vida.

La mariposa es vistosa, colorida y brillante porque perseveró. La gran mariposa es la oruga que ya sanó su corazón; solo recordará que fue gusano para agradecer a Dios por su existencia.

«Jesús les respondió:

—*Yo soy el pan de vida. El que viene a mí nunca volverá a tener hambre; el que cree en mí no tendrá sed jamás.*» Juan 6:35 (NTV)

Las palabras de Jesús nos alimentan el alma y cuando las escuchamos y permitimos que renueven nuestro pensamiento, quedaremos realmente satisfechos de la misma manera que una buena y sana comida satisface nuestro estómago. Jesús también nos da su agua viva, la cual hará que no nos sintamos secos por dentro, estaremos hidratados con las palabras de Jesús que le traen vida a nuestra alma y a nuestro cuerpo.

Cuando renuevas tu pensamiento, tus palabras serán diferentes y por lo tanto tus acciones se alinearán a esa nueva manera de pensar. Una vez que transformes tu pensamiento comenzarás a ver la transformación en ti que vendrá de las nuevas decisiones y acciones que comenzarás a tomar. Es cuando renuevas la mente que comienza la verdadera transformación.

Quisiera compartir contigo una porción del libro de Romanos en la Nueva Traducción Viviente para mayor claridad. El apóstol Pablo les habla a los cristianos en Roma y les dice:

«No imiten las conductas ni las costumbres de este mundo, más bien **dejen que Dios los transforme en personas nuevas al cambiarles la manera de pensar.** Entonces aprenderán a conocer la voluntad de Dios para ustedes, la cual es buena, agradable y perfecta.»

Dios desea que superes la etapa de supervivencia y avances victoriosa. Deja que sea Dios por medio de Su palabra que transforme tu manera de pensar y no te guíes por lo que la gente o la cultura te dictaminen como buenas costumbres. Por ejemplo, una costumbre de este mundo es convivir con tu novio antes de casarte para asegurarte de que todo estará bien en tu futuro matrimonio. Sin embargo, esa no es la manera de pensar de Dios de acuerdo a lo que leemos en Su Palabra.

Cuando estamos siguiendo las instrucciones de las Sagradas Escrituras tenemos también la protección que ellas nos prometen. Así que, ya los depredadores no podrán atemorizarte porque Dios cuida de ti.

Sigue comiendo lo que viene de Dios, digiere sus promesas y vive por ellas.

OREMOS JUNTAS:

«Padre Celestial, gracias por cuidarme en mi etapa de supervivencia. Ahora, por fe en ti y en tu Palabra, quiero vivir mi nueva vida de victoria. Comeré y beberé de tu pan hasta que regreses. Amén.»

7

TÉ
Hidratante

Cuantas veces te ha pasado que te encuentras con una persona que recientemente perdió a su ser más querido, y tú desconociendo lo que le había acontecido, te quedas en shock por su semblante de dolor. Ella te cuenta los hechos y llora desconsoladamente, exclamando que es tan dura su pena que ha perdido el deseo de vivir. Tú, conmovida, quizá la abrazas, la besas y tomas sus manos, queriendo aliviar ese dolor, pero pareciera que la hicieras llorar con más intensidad.

Yo he experimentado esto y mi pensamiento inmediato ha sido: «Espíritu Santo de Dios, guíame con tus palabras porque solo tú puedes hidratar esta vida que se siente seca al perder todas estas lágrimas, solo tú das verdadero consuelo. Yo no tengo las palabras, pero tú puedes hablar por medio de mí».

No hay palabras humanas que remedien una pérdida...

En una ocasión limpiaba mi jardín, y como había cambio de temporada yo estaba muy feliz. Deseaba arreglarlo y hermosearlo. No sabía cómo hacerlo y por eso pedí consejo a mi vecino. Empecé la tarea y fui observando, mientras limpiada el área, que muchas plantitas querían nacer producto de aquellas semillas que habían caído del árbol, pero debido a la propia sombra del árbol que las cubría, se ahogaban. Estas semillas estaban ahogadas y pasmadas por falta de sol y del ambiente adecuado para crecer. Para recuperar mi jardín tuve que hacer los siguientes cinco pasos que me aconsejó mi vecino:

1. Limpiar el área de toda la hojarasca que le había caído en las temporadas pasadas.

2. Mover la tierra.

3. Injertar nutrientes a la tierra.

4. Remover las ramas del árbol para darle vía a los rayos del sol.

5. Regar con agua, mucha agua.

A medida que avanzaba, y al ver ese cuadro, sentí que Dios me trajo a esta reflexión: Así como esas plantas se quedaron atrapadas por las hojas secas en descomposición, sin oxígeno, sin agua y sin sol; la carencia de fe en Dios puede producir estancamiento y pobreza.

-Nosotras también debemos limpiar nuestro corazón de todo rencor y dolor.

-Nosotras tenemos que mover nuestras acciones para abrazar la vida y evolucionar de ese dolor.

-Nosotras podemos nutrirnos del amor de Dios.

-Nosotras podemos movernos del lugar del dolor y cambiar la atmósfera, abrir las cortinas a los rayos del sol.

-Nosotras tenemos y debemos intimidar con el Espíritu Santo de Dios para que Él hidrate nuestra alma.

Nuestra vida, como este jardín, se quedó sin oxígeno a causa de las hojarascas acumuladas que fueron dejando las temporadas de dolor. El jardín de nuestra vida experimentará fuertes circunstancias que nos atrasarán en alcanzar nuestro propósito y la realización de nuestros sueños. Hubieron eventos y circunstancias tan duras, tan dolorosas y de largos periodos de tiempo que nos marchitaron como a estas plantitas, nos arrugaron el corazón y ya casi no nos quedaba vida para vivir, solo gestos de amargura.

He interactuado con mujeres muy marcadas por la partida de algún ser amado, algunas por la pérdida de un hijo y otras por un esposo inigualable; ese dolor intenso no permite que lleguen a la etapa de aceptación y mucho menos a la resignación; ellas se resisten a vivir con la pérdida: han perdido el ánimo de florecer de nuevo.

Otra herida profunda muy común es la traición de la pareja o el abandono de los padres; cuando aún se es pequeña, esos son eventos que dejan huellas dolorosas. «¡Sana y florece!», te dice Dios.

Apártate y toma este té en tu lugar de meditación y habla con tu Padre Celestial, pídele su restauración y paz. Él nos promete paz en medio del dolor si le llevamos nuestras peticiones:

> *«Por nada estéis afanosos, sino sean conocidas vuestras peticiones delante de Dios en toda oración y ruego, con acción de gracias. Y la paz de Dios, que sobrepasa todo entendimiento, guardará vuestros corazones y vuestros pensamientos en Cristo Jesús.»*
> *Filipenses 4: 6-7 (RV60)*

Vemos aquí que cuando le pedimos a Dios lo que necesitamos, ya sea consuelo y sabiduría para enfrentar una dificultad, seremos premiadas al experimentar la paz de Dios. Esa paz única que supera todo lo que podemos entender. Sin embargo, no es solo para que nos quedemos tranquilas, la paz de Dios es Su *Shalom*, esto es una bendición que acompasa todo, la cual cuidará nuestro corazón y nuestra mente al entender que vivimos bajo Su bendición, y que aunque el momento que vivimos hoy puede ser estresante, esto no te define como ser humano ni tampoco es el fin de tu vida. Dios tiene un futuro para ti y puedes llegar a este futuro con Su paz y en paz.

Decídete a limpiar tu jardín e hidrátalo con el agua del río de Dios, que es Su Palabra; Él te revive y te dará el crecimiento espiritual saludable, ¡te hará hermosa como un colorido jardín! Su Palabra nos da esplendor y brillo natural como las rosas.

Dios es experto en liberar del dolor de nuestra alma. Gálatas 5:1 (LBLA) dice: «Para libertad fue que Cristo nos hizo libres, por tanto permaneced firmes y no os sometáis otra vez al yugo de esclavitud». Jesús restaura lo perdido y desea edificarnos como mujeres nuevas con un corazón sin dolor; Él nos transforma y embellece de adentro hacia fuera y Su gozo nos da un fulgor especial.

ORACIÓN:

«Dios, vengo delante de tu presencia en el nombre de tu hijo amado, Jesús, entendiendo que solo tú puedes hacerme libre del dolor y que tu amor me puede llenar de tal manera que no necesite otra cosa. Perdóname porque no pensé en ti antes para sanar mi vida. Me arrepiento de mi falta de fe, quiero que tu misericordia y bendición estén conmigo de ahora en adelante y para siempre. En Cristo Jesús. Amén.»

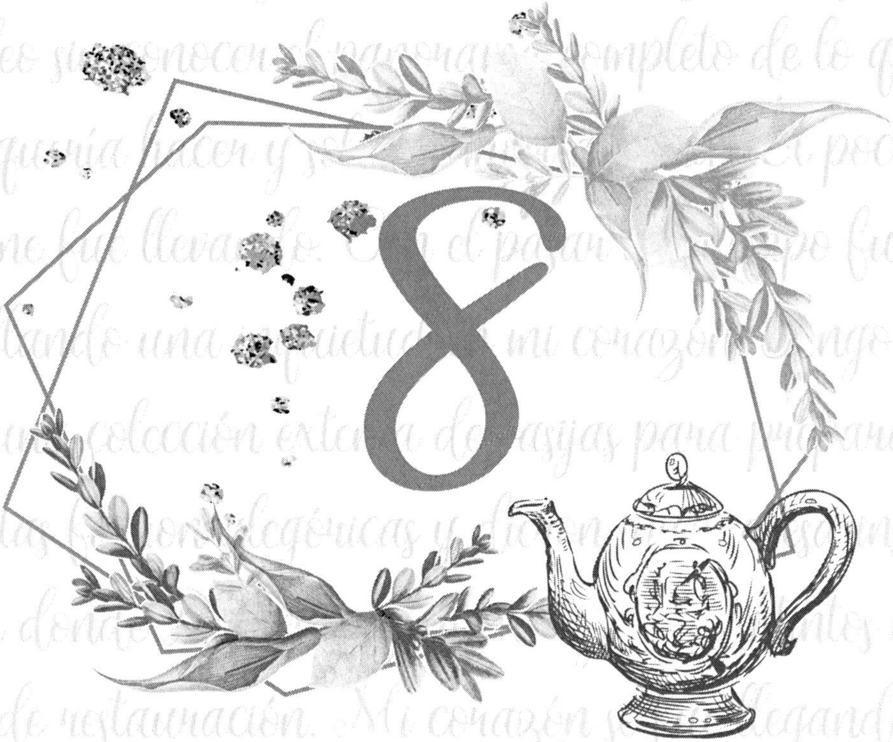

8

Té Energético

¿*Tus párpados* se hunden a medida que va llegando la tarde? Cuando la energía se te acaba lo que quieres hacer es comerte algo dulce para darte ese empujoncito porque te levanta un poco. Pero a la media hora te lleva más abajo que antes, te estrellas y te sientes aún más agotada. Lo que necesitas es una solución duradera para mantener lejos la lentitud. Aquí hay unos consejos prácticos contra la fatiga que pueden hacer que te sientas renovada y energética:

1. Come tu desayuno. Las personas que desayunan todas las mañanas reportan menos fatiga y estrés que las personas que deciden descartarlo de su rutina diaria. Los alimentos ricos en fibra, como la avena caliente, te hacen sentir llena y te brindan energía durante más tiempo que un pastelito dulce o una rosquilla. Durante el día te sentirás con menos hambre y con más energía si eliges un nutritivo desayuno. Ten cuidado con las dietas extremas.

2. Escucha y canta tu canción favorita. Cantar nos brinda un tipo de emoción positiva al alma al tiempo que reduce los niveles de hormonas del estrés en el cuerpo. Escucha música de adoración

y cántala con todas tus fuerzas. Toma un cepillo para el cabello, pon tu canción favorita y canta. Si vas de camino al trabajo en tu auto puedes cantar a todo pulmón, sin tener miedo a las miradas confusas de otros.

3. En lugar de café, toma agua o un té energético. La deshidratación puede hacer que te sientas agotada y fatigada. No necesariamente tienes que seguir la regla de los ocho vasos de agua al día, pero sí debes tomar suficiente agua como para mantener tu cuerpo bien hidratado. ¿Cómo saber que estás bien hidratada? Cuando no tienes sed y tu orina es de color claro. En el trabajo, levántate a llenar tu botella con agua cada dos horas así también aprovechas y caminas un poco.

4. Muévete. El ejercicio es un recurso de energía natural, porque cada vez que te mueves, la sangre se oxigena al igual que los músculos y el cerebro. Hacer ejercicio regularmente cada día, incluso solo por diez minutos, te ayudará a mantener tus niveles de energía al máximo. Muévete en cada oportunidad que tengas, incluso si es solo caminando en círculos mientras hablas por teléfono.

5. Deja que entre la luz del sol. Solo unos minutos caminando afuera en un día cálido y claro puede mejorar nuestro estado de ánimo. Salir al exterior puede incluso ayudar a las personas que sufren de depresión. Si no puedes salir, al menos abre las persianas.

6. Sal con amigos optimistas. Las emociones positivas y negativas son sorprendentemente contagiosas. Hay amigos que te roban energía y hay otros que te la levantan. Las personas que son constantemente negativas y deprimidas pueden minar tu energía con rapidez, mientras que las que son siempre entusiastas pueden darte un verdadero impulso.

Sé una persona determinada hacia el éxito. Algunas me han preguntado cómo hago para no cansarme. Yo me pregunto si ellas tienen escasez de energía o falta de determinación. Cuando tenemos determinación vamos por lo extra y los resultados no son ordinarios. Conócete a ti misma y asegúrate de cambiar de curso cuando ves que estás haciendo algo para celebrarte.

Hay poder en la paz. Mantén la paz interna, que es la que tú puedes controlar. El Señor es nuestra paz, Él puede llevarse nuestros temores y podemos colocar nuestras ansiedades sobre Él porque cuida de nosotros.

9

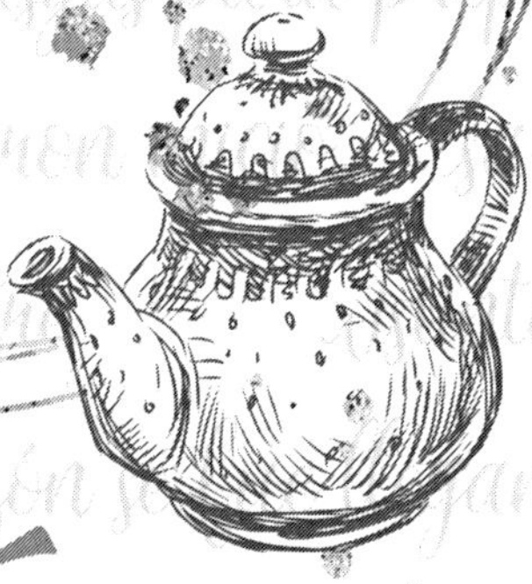

Té Estimulante

Hay muchos síntomas que demuestran que vivimos en autocondenación. Por ejemplo: vivir en el pasado, no creerse merecedor de algo bueno y autocastigarse. Amiga, si te detienes en el presente pensando en el tiempo perdido, estás perdiendo el tiempo. Quiero que te desintoxiques de esa actitud y el remedio es la gracia de Dios. Él te va a dar nuevas oportunidades aunque te hayas equivocado en el pasado; si te atreves a entregarle tu presente y tu futuro, tendrás la oportunidad de salir de la cárcel de tu pasado.

Si la autocondenación te está llevando a la depresión, si el peso del pasado te lleva a lamentarte, no te quedes allí, no te aferres al pesar y al lamento, esto es arrastrar el peso del pasado por donde quiera que vayas.

Esta actitud frente a la vida drena nuestra energía, deja menos fuerza disponible para la vida en el presente porque estamos constantemente alimentando una cuestión del pasado. Si nos mantenemos atadas al pasado, esto puede causar enfermedades físicas, de la misma manera que cuando riegas una planta muerta creas putrefacción moho y hongos. Algo nuevo y hermoso puede crecer en lugar de todo esto asqueroso, si solo preparamos el suelo y plantamos las semillas adecuadas, la cual es la gracia de Dios.

Podemos optar por seguir adelante, entregarle a Dios nuestras cenizas para que nos entregue una corona, y ponerlo en práctica siendo de ejemplo a los demás, compartiendo lo que hemos aprendido y cómo al rendirle a Dios de nuestro pasado logramos transformar nuestro lamento en algo que es constructivo y creativo para nosotras y los demás.

El perdón es el bálsamo que puede sanar todo nuestro pesar por el pasado. En oración podemos llevar el problema a Dios, aun cuando estamos en el carro y pedir perdón. También podemos aprovechar y arrepentirnos por mantenernos encerrados en esa actitud negativa por tanto tiempo. Es posible que quieras pedir perdón a toda aquella persona que pueda haber sido afectada en el pasado por tus acciones. Cuando tengas el recuerdo de un evento del pasado que te trajo mucho dolor, puedes elegir un nuevo final para esa historia, puedes decir: «Gracias a esta experiencia hoy soy más madura, conozco mis emociones, conozco a Dios y puedo ayudar a otros». No sé si te has dado cuenta pero por lo general solemos ser nuestros más duros críticos: es increíble la fuerza sanadora cuando extendemos amor hacia nosotros al aceptar que Dios nos ama y que nosotros también somos perdonamos por lo que hayamos hecho mal o hayamos dejado de hacer bien.

Decide que por un tiempo, mientras sanas, vas a mantener tu mente y energía en el presente. Esto hará que puedas utilizar todo el *combustible* emocional en favor de tu sanidad física, emocional y bienestar de hoy. Luego podrás tener lo que necesitas para pensar claramente en tu futuro y diseñar, con la ayuda de Dios, tus sueños. Libérate de tu pasado y de la autocondenación y repite en voz alta: «HOY, DIOS ME PERDONA, ME CELEBRA Y ME AYUDA».

El hijo pródigo dijo: «En la casa de mi padre hay mucho pan, así que me levantaré y regresaré a él para que mi presente cambie y pueda vivir a su lado gozando de su bendita compañía y los privilegios de ser su hijo». Cuando dejes de lamentarte podrás decir como ese joven: «Mi padre ha cambiado mi lamento por una fiesta de baile y me vistió de alegría. Tú cambiaste mi duelo en alegre danza; me quitaste la ropa de luto y me vestiste de alegría, para que yo te cante alabanzas y no me quede callado. Oh Señor, mi Dios, ¡por siempre te daré gracias!» (Salmo 30:12-13 NTV)

10

TÉ
Purificador

Cuando en la televisión muestran la vida de una persona que está atada por lo que se llama *acaparamiento* es imposible creer que alguien puede llegar a tales extremos de desorden al punto que no puede funcionar con normalidad. Hay situaciones en las que las autoridades tienen que intervenir para poder sacar la basura de un lugar donde una persona es prisionera de su tendencia de acumular.

El desorden drena tu energía. Purifica tu vida sacando todo tipo de desorden el cual puede llegar a paralizarte.

La verdad es que Dios hizo esto en primer lugar cuando creó al mundo: organizó el universo. ¿Cómo lo hizo? La respuesta es una pista de cómo debemos vivir. Esto es, en el principio: Dios sacó el caos y trajo la luz. Amiga, es esto precisamente lo que necesitamos hacer para garantizar el éxito de nuestros proyectos. Esto incluye, las áreas de nuestras vidas donde queremos traer armonía.

El orden trae luz. El orden trae armonía. El orden trae claridad. El orden coloca límites. Dios no es el creador del desorden ni el caos.

LUGARES DE DONDE SACAR EL DESORDEN

Cuando hablamos de desorden o de simplificar nuestra vida, por lo general pensamos en nuestro clóset. Pero hay muchos lugares en nuestro hogar en donde hay que sacar el desorden:

- 🌿 Nuestro escritorio.

- 🌿 Nuestro ropero.

- 🌿 Nuestras posesiones en general, no para tirarlas, sino para asignarle un lugar.

- 🌿 Nuestra salud.

- 🌿 Nuestras finanzas.

CREA DIRECTRICES PARA GARANTIZAR EL ORDEN

Para mantener el orden podemos colocar lineamientos para todas las cosas y aspectos de nuestra vida. Estas son directrices que debemos escribir para mantener el orden. Una directriz puede ser tan sencilla como decidir organizar un área diferente del hogar cada semana. Yo, por ejemplo, esta semana comencé con el gabinete de los remedios que tengo en la cocina. Ya me siento mucho mejor porque mi directriz me dice que en unas cuantas semanas, y sin

mucho esfuerzo, ya no tendré ningún tipo de desorden en mi hogar y podré disfrutar de todos los beneficios que trae el orden.

Ordena tu mente

En nuestra mente puede haber un desorden que nos está trayendo caos a la vida, puede dañar nuestras relaciones porque no tenemos nuestras prioridades en el lugar o las personas correctas. Todo problema que tenemos es un descontrol de algo, un desorden. Es por esto que antes de comenzar a crear nuestro futuro y a hacernos nuevas metas, debemos poner orden. Dios ordenó toda la tierra y luego colocó al hombre sobre todo lo creado para administrarlo, pero cuando todo estaba bien organizado.

El paraíso de Adán y Eva existía bajo el perfecto orden de Dios. El pecado es una disrupción a su perfecto orden. Cuando algo está en caos hay que ordenarlo y organizar, es algo que hay que hacer diariamente. Cada problema tiene que ver con falta de orden y luz. Todo problema tiene sus tinieblas. Cuando digo tinieblas, quiero decir falta de luz y conocimiento, esto es: ignorancia.

Todo lo que no entiendes no lo puedes manejar. Si tienes el entendimiento bloqueado por la ignorancia, no podrás seguir adelante. Jesús nos saca diariamente de las tinieblas a la luz. Cada vez que tenemos una victoria es porque vencimos la oscuridad en esa área y Dios le dio luz. El orden te trae claridad y trae luz a lo que es lo realmente importante.

ORGANIZAR ES ALGO QUE HAY QUE HACER DIARIAMENTE

Muchos decimos: «ya conozco a Cristo pero necesito continuar aprendiendo» y es necesario salir de las tinieblas en todas las áreas de nuestra vida, esto es renovar la mente en todos los aspectos involucrados con nuestros roles. Amiga, cuando dices que no sabes para dónde vas, estás en tinieblas. Dediquémonos a separar las tinieblas de la luz en nuestra vida por medio del estudio y la búsqueda de la sabiduría. Recibe la instrucción de las Sagradas Escrituras y coloca en acción lo aprendido. Necesitamos traer la luz en donde hay tinieblas. Aprender a vivir la vida caminando en luz hacia el propósito de Dios para nuestras vidas.

11

TÉ

Nutritivo

La Palabra de Dios nos nutre. Debemos mantenernos bien llenos de las palabras del Señor leyendo las Sagradas Escrituras y sacando las promesas para nuestras vidas. Como sé que muchas de ustedes son madres, quisiera recordarles que el nutrir a nuestros hijos físicamente es lo que los especialistas llaman el *súper factor*, el cual determina la salud integral de nuestros hijos para toda la vida. Si no le damos suficiente leche cuando son niños, no tendrán dientes y huesos fuertes. No debemos olvidar la nutrición física pero también debemos nutrirlos en lo espiritual.

Quiero recordarte que Dios te regaló hijos, hijas, nietos, y tú estás en la vida de ellos con un propósito. Ellos no están en tu vida para llenarte y hacerte mamá y hacerte sentir que tu vida está completa. Existe una responsabilidad divina que es agradable, bella y la puedes disfrutar, esta es: ayudar a que tus hijos se desarrollen, crezcan sanos y confiando en Dios para que ellos también puedan encontrar su lugar en el plan divino. ¿Quieres hacer algo significativo por ellos? Bueno, aquí te voy a dar una directriz para orar por tus ellos.

Los temas te darán una orientación sobre las cosas por las que debes orar continuamente, pero también son una directriz para guiarte en que principios que necesitas inculcar en tus hijos. Utiliza esta lista en tus oraciones, en tu educación como padre y en tus conversaciones con ellos.

1. Su vida espiritual. Habla con tus hijos sobre tu relación con Dios. Ora con y por ellos en voz alta regularmente. Háblales del plan de salvación. Pregúntales si lo entienden. Ora a Dios: «Señor, dame la oportunidad de hablarles a mis hijos sobre tu salvación y prepara su corazón para recibirla. Tu Palabra dice que si creemos en ti y seremos salvos nosotros y nuestra casa. Yo me acojo a esta afirmación divina y declaro salvación para mis hijos. Dame la sabiduría para ser un instrumento de salvación para ellos. Amén».

2. Que vivan una vida llena de amor. Que tus hijos puedan ver que sigues el ejemplo de Cristo viviendo una vida de amor por Dios, por ellos y por los seres humanos. Ora por ellos: «Señor, que tu Espíritu Santo guíe a mis hijos a vivir una vida llena de amor. Enséñame a vivir de esa manera para inculcar a mis hijos a hacer lo mismo. Danos oportunidades prácticas para vivir una vida de amor. Amén».

3. Que tengan confianza en el Señor. Permite que tus hijos vean cómo tomas decisiones basadas en la confianza que tienes en Dios. Enséñales que el hombre más sabio y rico de la tierra, el rey Salomón, dice que es primordial que confiemos en Dios y no solo apoyarnos en nuestro propio entendimiento. Estudia el capítulo 3 de Proverbios e identifica las directrices marcadas por Salomón y luego incúlcaselas a tus hijos. Imprime y coloca en un lugar visible de tu hogar estos versos bíblicos:

«¡Nunca permitas que la lealtad ni la bondad te abandonen! Átalas alrededor de tu cuello como un recordatorio. Escríbelas en lo profundo de tu corazón. Entonces tendrás tanto el favor de Dios como el de la gente, y lograrás una buena reputación. Confía en el Señor con todo tu corazón; no dependas de tu propio entendimiento. Busca su voluntad en todo lo que hagas, y él te mostrará cuál camino tomar».

4. Que amen la Palabra de Dios. Permite que tus hijos te vean leyendo las Sagradas Escrituras. Cuando les hables, utiliza las Sagradas Escrituras para responder sus peguntas. Llévalos a la iglesia y organiza una reunión familiar en casa periódicamente para que ellos entiendan que tu relación con Dios es algo personal y no una religión de culto. Busca una manera de estudiar la Biblia que se adecúe a tu situación actual y déjales saber eso a tus hijos. Cómprales una Biblia bilingüe, para jóvenes o para niños, de acuerdo a su edad e interés. Ora por ellos: «Señor, ayúdame a enseñarles a mis hijos tu Palabra, de tal manera que ellos la vean como algo preciado, útil, que contesta sus preguntas espirituales y los guía para vivir la vida de una manera que te agrada y que además les trae verdadero éxito y plenitud».

5. Que tengan una sana autoestima. Enséñales a tus hijos que su identidad no está en su apellido, en la ciudad donde nacieron, el dinero que tienen sus padres en el banco, el colegio donde se educan o la calle en donde viven. Su identidad está en Dios que es su Padre y por lo tanto su vida tiene propósito y significado más allá de las circunstancias o bondades del hoy. Enséñales que ellos fueron creados con propósito en el vientre de su madre y que Dios los hizo hermosos a su vista. Ora por ellos: «Señor, que mis hijos puedan encontrar su verdadera identidad en ti».

Otras características que debemos emular, enseñar y orar para que nuestros hijos las valoren y las adquieran, son:

Té de fe

- 🫖 Respeto.

- 🫖 Misericordia y compasión.

- 🫖 Pureza.

- 🫖 Valentía.

- 🫖 Bondad.

- 🫖 Generosidad.

- 🫖 Perseverancia.

- 🫖 Responsabilidad.

- 🫖 Esperanza.

- 🫖 Gratitud.

- 🫖 Paz.

- 🫖 Felicidad.

12

TÉ

Fortificante

La emulsión de Scott (aceite de hígado de bacalao) era una dosis obligada para mí, porque mi madre adoptiva me quería *sana y fuerte*; para mí era un trago amargo cada mañana, casi me hacía vomitar. Algunas veces la engañé haciéndole creer que yo misma podía tomarla sola, por supuesto, ella me creyó mas no era así, yo me hincaba por una ventana y botaba la dosis. Pero un día, alguien encontró todo la emulsión derramada en el piso detrás de la casa y me llamó a dar cuentas. Ahí mismo sentí que me debilité porque me dieron una *pela*. Desde que día tomé el fortificante en frente de ella. Eso me ayudó en el proceso de crecer y ser una niña sana y fuerte, aunque algunas veces me provocara nauseas.

El fortificante es necesario tanto en el crecimiento físico, como en el espiritual, que, en este caso, es obedecer lo que Dios dice en Su Palabra, aunque sea duro y difícil de comprender.

Siempre tuve una idea de quién era Dios, sabía algunas cosas sobre Él, mas no lo conocía. Desde que tengo memoria siempre he escuchado un verso muy conocido que dice: «Todo lo puedo en Cristo que me fortalece», pero no había interiorizado de verdad lo que significaba ese texto hasta que tuve que enfrentarme a situaciones difíciles y dolorosas en mi vida. Poner en práctica ese versículo fue duro. Me llevó a indagar más allá de lo que significaba y me decidí a creer que todo lo podía en Cristo.

Desde muy pequeña he tenido experiencias muy difíciles y dolorosas. Creo que fue hasta que tuve 30 años cuando sentí que a pesar de todos mis logros algo hacía falta en mi vida. Decidí mudarme del país (y todos los que emigramos de nuestro lugar de origen sabemos que no es nada fácil) pues estaba en busca de un nuevo comienzo. Pasé por muchos momentos de incertidumbre y a veces sentía que mi fe se debilitaba, pero permanecí confiada y segura de que Dios me iba llevar a un lugar seguro.

Me apegué al Salmo 23 que dice que Jehová es mi pastor y nada me faltará. Pero ser oveja significa reconocer la voz del pastor, dejarse corregir, dejarse ungir con aceite la cabeza para evitar infecciones y dejarse quebrar una pata si me voy lejos de su redil.

Ser fortificados requiere una cuota de sacrificio y compromiso.

TOMÉMONOS UN TÉ FORTIFICANTE

A lo largo de nuestras vidas estamos sujetos a tener buenas, malas experiencias o una combinación de las dos. Algunos nos enfrentamos a situaciones muy complicadas en donde sentimos que Dios nos ha abandonado, pero la buena noticia es que si estamos fortificadas entonces cada circunstancia o situación que vivimos nos ayuda a tener una perspectiva más amplia y en muchos casos nos abre puertas que no sabíamos que estaban allí.

Aceptación: Cuando tenemos una experiencia desagradable lo más común es reprocharle el porqué a la vida. Debemos tener en cuenta si estas experiencias son consecuencias de una mala decisión o si son causadas por una transición necesaria de nuestra vida. Remplacemos el *porqué* por el *para qué*; preguntémonos cómo nos va a servir esta vivencia, saquemos lo mejor a cada situación y permitamos que Dios sea glorificado.

Evaluación: Hay que tener presente no tomar decisiones cuando estamos en un estado emocional de desesperación. Analiza cada escenario y piensa de qué manera esta opción afectaría tu vida, tu futuro y el de las personas a tu alrededor. Nunca debemos sacrificar lo permanente en el altar de lo urgente.

Fe: Creer que Dios tiene planes que son más grandes de lo que podemos imaginar es una muestra de fe. No podemos garantizar un futuro sin pruebas ni problemas, pero si buscamos afirmar nuestra convicción, nuestros sueños pueden tomar forma y pasar de un deseo a un hecho. Nuestra circunstancia no determina nuestro destino. Piensa: ¿cuál es tu porqué? ¿Con qué intenciones luchas día a día? Empieza a mirar más allá de las circunstancias.

Acción: ¡Esfuérzate y sé valiente! (Josué 1:9). Sé fortificada hoy en el Señor.

🌿 La oración tiene mucho poder.

🌿 Recita versículos que hablen de fortaleza.

🌿 La acción y la oración alcanzan más que una motivación.

🌿 La fe sin acción es muerta, practica or*acción*.

«Y me ha dicho: Bástate mi gracia; porque mi poder se perfecciona en la debilidad. Por tanto, de buena gana me gloriaré más bien en mis debilidades, para que repose sobre mí el poder de Cristo.» 2 Corintios 12:9

Si te sientes débil, permite que este mensaje te lleve a pensamientos de victoria. Debes creer que todo lo vas a lograr por medio de Cristo, quien te da la fuerza y la valentía para llegar a eso que has estado anhelando. A lo mejor has intentado muchas cosas y sientes que todo lo que has emprendido ha sido un fracaso, o que te han defraudado demasiado... Es hora de un té fortificante. ¡Es hora de accionar!

13

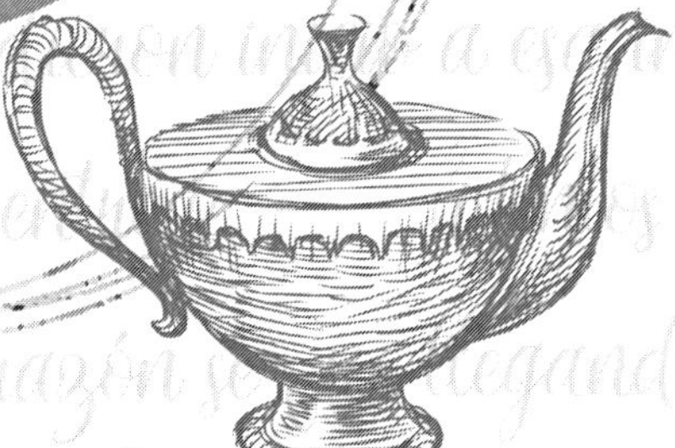

TÉ Hormonal

Hace unos años atrás, cuando aún vivíamos en Florida, mi hija mayor y yo tuvimos que correr para el cuarto de emergencia del hospital de animales que estuviera más cercano. Quizás estarás preguntándote qué tiene que ver el capítulo de té hormonal con una sala de emergencia de veterinaria. Resulta que ese día, mi hija mayor me avisó que la perrita que aún tenemos de mascota estaba pariendo y estaba en el proceso de traer al mundo a su ultimo cachorrito. Al parecer ya tenía varias horas en el trabajo de parto y ese cachorrito estaba atorado, ya que era un poco más grande que el resto de los perritos. Cuando vi el estrés y esuché los gemidos de la perrita, le dije a mi hija.

—Tenemos que llevarla a un hospital ahora mismo para que la intervengan y el cachorro pueda nacer sin complicaciones.

Tiré unas toallas en el asiento trasero del carro y nos fuimos con la perrita apresuradamente hacia el hospital de animales. En el camino, nos llevamos la sorpresa que una de las llantas se había explotado. Tuvimos que parar el carro en plena autopista en un lugar seguro para pensar cuál iba ser nuestro próximo paso. Mientras tanto la perrita nos daba miradas de angustia y dolor.

Llamamos al servicio de asistencia en carreteras para que vinieran a nuestra ubicación y arreglaran la llanta. Para nuestro pesar nos dijeron que no podían llegar sino hasta una hora y media, y que si podíamos esperar, ellos enviarían la grúa. Imagínate la angustia de no poder hacer nada por nuestra perrita. A mi hija se le prendió el bombillo y me dijo:

—Abre el baúl, ¡yo voy a cambiar la llanta!

En ese momento le pregunté:

—¿Cómo la vas a cambiar?, ¿alguna vez lo has hecho?

Mi hija me respondió:

—Jamás he cambiado una llanta —y se echó a reír—. Pero sí he observado cómo se cambia ¡y creo recordar cómo hacerlo!

Afortunadamente, en el baúl estaban las herramientas necesarias para cambiar la llanta de repuesto. Después de media hora más o menos, le dio el último apretón al neumático y pudimos continuar nuestro camino, pero no sin antes tomar unas fotos con el celular. Era algo que yo quería conservar en mi memoria. Fue un momento de ansiedad, adrenalina y emoción al ver la osadía de mi hija y su empeño en llevar a la perrita al hospital lo más rápido posible. Fueron unos minutos de testosterona que nos llevó a nuestro destino y al final pudimos llegar a tiempo a pesar de los obstáculos que se nos atravesaron en el camino. La perrita pudo parir a su cachorrito en perfecta condición de salud.

Te comparto esta vivencia porque fue una reacción espontánea y muy inesperada de parte de mi hija la que me enseñó que tenemos que ser aguerridas, prudentes y, de vez en cuando, atrevidas. Todas llevamos un nivel mínimo de testosterona en el cuerpo. Para ser exactos, los hombres portan de 280 a 1,100 ng/dL (nanogramos por decilitros) y las mujeres de 15 a 70 ng/dL. Como puedes ver, es una diferencia abismal en cuanto a la cantidad que llevamos en nuestra composición química, pero podemos dar un uso efectivo a esa pequeña cantidad si identificamos el momento y la causa propicia.

Cuando hablamos de equilibrar o dominar los sentimientos hablamos de ser menos corazón y estrógeno (la hormona femenina) y aplicar ese poquito de testosterona hacia ese momento decisivo que tenemos que enfrentar. No siempre tenemos que proyectar una imagen vulnerable o frágil. Como mujeres estamos propensas a dejarnos llevar por las emociones y por lo que las hormonas dictan un día en específico. Cuando venimos a los pies de Cristo y Él ha estampado su identidad en nosotros, ya no caminamos por sentimientos o por lo que las hormonas nos impulsen a hacer o decir. Tenemos que desarrollar los frutos del Espíritu Santo y uno de ellos es el dominio propio.

GÁLATAS 5:22-23

«En cambio, el fruto del Espíritu es amor, alegría, paz, paciencia, amabilidad, bondad, fidelidad, humildad y dominio propio. No hay ley que condene estas cosas.»

Todos, sin excepción, tenemos altos y bajos, pero tenemos el control de cómo estos afectan nuestras actitudes. Un ejemplo rápido: abres la ventana en un día de invierno y ves un día apagado, gris y frío, ¿automáticamente se vienen pensamientos depresivos? Puedes elegir ser proactiva y dar inicio a tus sentidos espirituales para ver la grandeza de Dios. De esta manera, no importa si llueve, si hay vientos huracanados o si hay sol, podrás disfrutar y ver la belleza de Su creación.

Espero que puedas identificar cuánta testosterona o estrógeno le estás aplicando a tu situación actual. Todos llevamos el equilibrio dentro de nosotros. Sin embargo, el balance que necesitas está en un constante anhelo de germinar el dominio propio en tu vida.

14

TÉ
Antioxidante

Con el dinero no se puede comprar felicidad, pero no tenerlo te hace miserable. Es por esto que cuando adquirimos dinero, debemos cuidarlo, esto es, invertirlo, multiplicarlo y no dejarlo oxidar en el banco o debajo del colchón.

El dinero no lo es todo, pero te da opciones. Parte de la definición de *bendición* o *vivir en bendición* viene del hecho de tener opciones. ¿Por qué quiero guardar dinero para la vejez? Porque cuando esté mayor, no quiero que la gente me cuelgue el teléfono al oír mi voz pensando: «¿Ahora qué necesitará la viejita?». Yo quiero llamar a mis nietos, invitarlos a mi casa y cuando lleguen, tener las manos llenas de regalo y que ellos corran hacia mí con alegría.

Hoy quiero que analicemos qué está oxidando tu bienestar financiero. La clave del éxito es tener una actitud que nos recuerda que tenemos un rol importante que ejercer en la vida en cuanto a la mayordomía financiera. Esto nos coloca en el lugar indicado cuando tiene que ver con nuestras decisiones referentes al dinero. Si entendemos que somos mayordomos, entonces veremos la importancia de desarrollar virtudes como la perseverancia, la disciplina, la caridad, la compasión, el sacrificio, integridad y la honestidad. Es por esto que pienso que el dinero es una herramienta de entrenamiento para el desarrollo del carácter ya que donde está nuestro tesoro, allí colocaremos nuestro corazón y dinero. El objetivo de la mayordomía es mucho más que pagar las deudas o responsabilidades mensuales. El objetivo es la preparación para vivir a plenitud aun después de alcanzar nuestros más anhelados sueños y de que ya no estemos presentes en esta Tierra.

Hay dos pruebas en la vida que todos debemos pasar con buenas notas cuando se trata de finanzas: cómo actuamos cuando no tenemos dinero y cómo actuamos cuando lo tenemos en abundancia. En ambas situaciones debemos preguntarnos: ¿qué estoy haciendo hoy con mi dinero que me asegura un presente y un futuro óptimo?

Respondamos esta pregunta usando sabiduría. La sabiduría te mostrará los lugares donde necesitas usar tu dinero de acuerdo a la circunstancia que estés viviendo.

La manera de ver el dinero, o sea nuestros paradigmas, se reflejan en nuestras acciones. **Tengamos siempre presentes estas siete actitudes referentes al dinero:**

1. Nuestra búsqueda insana de dinero puede arruinar nuestras relaciones. Mantén el equilibrio y no dejes que el anhelo por más dinero arruine tus más preciadas relaciones.

2. Hay una mala interpretación que indica que el amor al dinero es la raíz de todo mal. La Biblia no dice que el dinero es malo. Claro, el dinero puede destruir relaciones, pero también puede se puede usar para bendecir a muchas personas, para aliviar el sufrimiento de otros y para alcanzar nuestros sueños.

3. Es importante entender cuál es nuestra relación con el dinero. Esto nos ayudará a mantener las cosas en equilibrio y colocar la prioridad a cada área de nuestra vida.

4. A fin de mantener una relación sana y equilibrada con el dinero tenemos que aprender a respetarlo. Realmente no podemos esperar recibir más si no estamos dispuestos a respetar dinero. Todos esperamos algún día disfrutar de un maravilloso patrimonio financiero, pero tenemos que aprender a cuidar de lo que tenemos hoy.

5. Disfrutemos de lo que tenemos, pero cuidando de nuestras actitudes y cómo nos relacionamos con los demás referentes al dinero. Sé generosa y prepárate para compartir con otras personas. Las personas ricas o que están en posiciones de autoridad sobre los demás a veces enfrentan la tentación de usar su poder de mala manera.

6. Los líderes son en realidad servidores de aquellos sobre quienes tienen autoridad. Esto incluye ser mayordomos de las finanzas que se les ha entregado en el servicio de los que lideran. Ejemplo, un padre de familia y su hogar.

7. Una vez que lleguemos a la abundancia, recordemos que la razón principal es para ser de bendición en la comunidad que vivimos. El hombre verdaderamente próspero no necesita ser recordado de este principio.

Lo más importante que he aprendido en mi vida referente al dinero es que tenemos una responsabilidad con todo lo que poseemos y que por cada posesión tenemos un trabajo qué hacer. Debemos permanecer vigilantes porque al final somos solo mayordomos de lo que tenemos mientras vivimos. Recuerda, a la hora de irnos de este mundo nadie se lleva algo material, sino que todos dejamos *algo* que otras manos continuarán manejando.

15

TÉ
Aromático

Así como una persona que es perseguida se lanza a un río para no dejar rastro; de igual manera, los venados en el verano buscan sumergirse en el agua, no solo para no dejar rastro, sino para quitarse el sudor. Si se quedan en el sofocante sol y fuera del agua, olerán a carne especial a las narices de cualquier devorador. Escuché a un orador decir que cuando los venados no consiguen agua donde lavarse, utilizan lirios para sobarse la piel y cambiar el aroma. Nosotras también debemos tener cuidado con nuestra fragancia: debemos oler a gloria. Así como el ciervo se cuida del olor a sudor, así nosotros debemos cuidar de nuestra vida y lo que yo llamo las *atmósferas* de nuestra casa.

Cuando entras en tu *spa* preferido, ¿cuál es el aroma que se siente?, ¿flores, rosas, lino fino? Cuando pasas por una panadería, ¿qué olor sientes? Probablemente el olor a pan fresco. Y ahora piensa, ¿a qué huele tu hogar? ¿Puedes decir que huele a santidad, al lirio de los valles, o huele a carne, como los venados que son atrapados por no bañarse en las aguas del río?

TRES MANERAS DE REFRESCAR EL AROMA DE TU HOGAR

1. Cuida la atmósfera. He aconsejando a madres solteras y cuyos sus hijos se han convertido los dueños de la casa. Si ese es tu caso, amiga, a ti te digo: cuida tu atmósfera. Tú debes y *tienes* el derecho de inspeccionar los cuartos de tus hijos, tú eres la dueña de la casa y debes examinar y observar detenidamente lo que está sucediendo en tu hogar. Muchas veces estamos entretenidas en el trabajo o vamos a la iglesia y los hijos se quedan solos sin ninguna supervisión y no nos damos cuenta si están viendo películas de terror y jugando juegos sangrientos en el Nintendo. Estamos criando un criminal en potencia. Muchas veces las personas viven en casas muy grandes y no pueden llegar rápidamente a la habitación de sus hijos; es mucho más fácil para una madre soltera o divorciada y que vive sola controlar un apartamento de dos cuartos. Necesitas cuidar la atmósfera de tu hogar; no permitas que alguien vea pornografía en un cuarto y juegos violentos en otro. Eso lleva al caos y al desastre.

2. Un aroma precioso que debe existir en tu hogar es el que viene del agradecimiento. Toma tiempo cada día por la mañana para expresar acción de gracias y alabanzas a Dios. Llénate de las promesas de Dios para tu vida, tu matrimonio, tu trabajo y en fe dale gracias a Dios porque Él las hará realidad. Cuando somos agradecidos por lo que Dios ha hecho y tenemos confianza en sus promesas se crea una mente fértil lista para triunfar. Hay poder en el agradecimiento.

Saca los olores negativos de la queja. Satanás, nuestro enemigo, hace caer fácilmente al desagradecido. Seamos como Job que hacía sacrificios y ofrendas al Señor por agradecimiento del cuidado que Él daba a sus hijos. Esto molestó tanto a satanás que le dijo a Dios que Job lo hacía porque todo le salía bien. Realmente Job prosperaba porque ni en la peor de las circunstancias se le ocurrió maldecir o culpar a Dios. Cuando no eres agradecido estás expuesto a que satanás te quite lo que has conseguido hasta ese momento; no por castigo de Dios, sino más bien por las actitudes que van de la mano con el ser desagradecido: comienzas a quejarte, murmurar de lo que tienes, no estás contenta con nada y ya con eso, el enemigo gana la batalla. Agradece y solo mira los fracasos para aprender de ellos y hacer cambios positivos. Cada noche antes de ir a la cama sé agradecida y ora a Dios diciéndole tres cosas por las cuales agradeces en las últimas 24 horas: «Señor. Estoy agradecida por todo lo que has hecho en este día».

3. Buenas obras: El olor de las buenas obras que hacemos basadas en la fe y como respuesta al amor de Dios por nosotros, llegan al Señor como un olor fragante. «Porque somos hechura de Dios, creados en Cristo Jesús para buenas obras, las cuales Dios dispuso de antemano a fin de que las pongamos en práctica.» Efesios 2:10 (NVI). Que seas tú quien hace una diferencia en las vidas de otros. Ama los demás, dales, sírveles.

La esencia de la vida es vivir con gallardía y ver el futuro con esperanza, dando pasos hacia adelante. Si eres cuidadosa de las atmósferas de tu casa, mantienes el agradecimiento y vives haciendo el bien, el olor de tus esfuerzos llegará a Dios como un olor fragante y aromático. Depende de ti.

16

TÓNICO

Balanceador

En una ocasión, un compañero me hizo notar que mi auto se veía torcido, y en ese momento recordé que mi vehículo generaba un ruido extraño mientras conducía. Cuando lo examinamos concluimos que las ruedas estaban gastadas no uniformemente. Es decir, las ruedas estaban desbalanceadas y ese problema ya estaba causando vibración en el volante y desvío en la dirección y en otros mecanismos. El auto estaba desalineado por completo y no solo andaba chueco, sino que también era peligroso manejar así, en cualquier momento podía causar un accidente.

El auto funciona semejante a nuestra vida. Es imperativo reconocer qué está en desbalance en nuestras vidas, qué funciona mal en nosotros y en nuestro entorno. Siempre que un área de nuestra vida está fuera de control se irán afectando otras y ese desbalance se hará más y más notorio. Lo que nos mantiene en ese desbalance es el desconocer la causa del mismo, no saber qué es lo que nos quita el balance o ignorar los síntomas y no hacer nada al respecto. Sé balanceada porque tu enemigo, el diablo, anda buscando a quién devorar.

Te animo a que organices tu vida para el éxito porque el desorden trae desbalance. La desorganización es la culpable de muchos de nuestros problemas. Esta desorganización es como una nube negra que nubla nuestro entendimiento y las áreas de nuestra vida donde permitimos el desorden.

DESÁSETE DEL DESORDEN CASERO

Muchos de nosotros podemos entender esto muy bien cuando miramos la cantidad de cosas que tenemos en nuestras casas; solo por el hecho de ser tantas, se siente todo desorganizado y desordenado. Lo que sucede es que no podemos conseguir lo que necesitamos cuando lo estamos buscando porque lo compramos cuando no lo necesitábamos y no lo ordenamos en nuestras posesiones. Cuando todo está arreglado y ordenado, no hay confusión y así precisamente se siente también la mente al ver el orden: en paz.

COLOCA LÍMITES

El orden es todo lo contrario al caos porque el orden coloca límites en la vida. Esto lo aprendemos de nuestro Creador. El Creador del universo es un Dios de paz y orden.

Imagínate si Dios no le hubiese puesto límites a los mares, a la lluvia y a la atmósfera, ¡todo sería un caos! Aun si estás organizando tu clóset, coloca límites utilizando cajas y contenedores para las cosas que son del mismo tipo. Una caja para los cosméticos, otra para las prendas, otra para los productos de la piel y otra para los productos del cabello. De igual manera en la cocina.

Recuerda, cuando miras la naturaleza te das cuenta que Dios colocó cada cosa y cada especie en su lugar.

Deshacerte del desorden implica botar la basura que no sirve. Si no lo usas debes o botarlo o regalarlo. Esto implica la ropa que no usas. ¿Por qué esto es tan importante? Porque si tu ambiente es caótico, entonces tu cerebro será caótico. No permitas que el desorden de tu armario te obstaculice todas las mañanas cuando decides qué ponerte para ir a trabajar. No traigas cosas a tu casa si no las necesitas; no sabes dónde está cada objeto porque no tienes un lugar para tus posesiones. Cuántas veces decidimos comprar porque está en oferta. Si necesitas tienes problemas en esta área, busca ayuda pero no vivas en desequilibrio y desorden.

Otra área en la que podemos incurrir en desequilibrio es en la comida. Algo que comienza con una simple dieta puede convertirse en una obsesión hasta caer en problemas emocionales y luego físicos como la bulimia y la anorexia. La cirugía plástica es otra actividad a la que muchas personas han recurrido para hacerse un cambio sencillo; pero han quedado atrapadas en un excesivo y desenfrenado deseo de verse mejor y mejor. No podrás vivir en paz de esta manera. Muchas mujeres recurren a la comida o las cirugías en un intento de comunicar su caos interno, actuando fuera de control; sin embargo, todos los excesos de alguna u otra manera se convierten en un círculo vicioso que tiene como fin la vergüenza y la culpa.

- ❧ El balance se produce al conocer lo que dice Dios y recordarlo. Debemos buscar en las Sagradas Escrituras las promesas de Dios que son reales y dignas de colocar nuestra confianza; porque cuando Él dice algo, así se cumple, ya que Dios no miente. Si Él lo dijo, entonces lo hará, nuestro compromiso debe ser el de creer y no dudar. Por esto es bueno leer la Biblia en voz alta. Hay un poder especial en el hablar la Palabra de Dios a viva voz. Esto derrota al diablo en su intento de mantenerte atada al desorden en tu vida. La oración es esencial.

- ❧ Debemos creer que todo lo que nos sucede a los que amamos a Dios nos ayudará para bien. Cada día debemos escribir en un diario personal las cosas por las que tenemos que agradecer a Dios y escribir nuestras inquietudes.

- ❧ Cuando estamos en Su presencia es importante que nos conectemos con Él en intimidad, y desconectarnos del ruido y el mundo. Ora a Dios cediéndole el control de tu vida. Cuando enfrentes deseos que te llevan al desbalance y las emociones sean fuertes, ora a Dios y pídele que te mantenga lejos de los viejos patrones que has utilizado incorrectamente para que puedas estar en paz mental y que te dé fortaleza para sobrellevar cualquier desorden en tu vida.

🌱 Debemos estar seguras que lo que pedimos y anhelamos está conectado a nuestros talentos, dones y la voluntad de Dios.

🌱 Cuidemos el alma, lo que vemos, hablamos, cómo respondemos y actuamos. Cuando sientas que necesitas hablar con alguien sobre un área en tu vida que esté en desequilibrio, busca consejería cristiana.

🌱 Decide el desarrollo el dominio propio para cuidar desde lo que comes hasta las palabras que salen de tu boca.

🌱 Ten presente y recuerda que recogemos lo que sembramos. Que en lo que más meditemos es en lo que nos convertiremos.

Hebreos 4:12 (NTV)

«Pues la palabra de Dios es viva y poderosa. Es más cortante que cualquier espada de dos filos; penetra entre el alma y el espíritu, entre la articulación y

la médula del hueso. Deja al descubierto nuestros pensamientos y deseos más íntimos.»

En la parte física, te recomiendo que busques la manera natural de manejar el estrés que trae el desbalance. He leído que la cúrcuma es un antidepresivo natural y sirve para tratar los trastornos relacionados a la tristeza o la infelicidad. Consumir cúrcuma en polvo sirve para estimular el sistema nervioso pero, además, tiene efectos en el sistema inmune y en el estado de ánimo. Es por ello que reduce los niveles de estrés y provoca un aumento en la producción de serotonina.

17

TÉ
Embellecedor

Este té nos ayudará a entender el origen de nuestra belleza genuina, y es necesario tomar este té para aprender a vivir completas e íntegras en el diseño divino.

En una ocasión, alguien contó su experiencia cuando estuvo de vacaciones en Cuba. Él observaba a su alrededor algo muy curioso: mientras viajaba en un taxi, vio que todos los autos estaban golpeados en algún lado. Esto le hizo reflexionar cómo estos autos podían funcionar aun cuando estaban en esas condiciones. A los habitantes de Cuba les es normal ver los autos así, quizá nadie allí tenía se detuvo a pensar en eso porque ya estaban acostumbrados a ver ese cuadro.

—Lo más importante es seguir rodando —alguien diría.

¿Alguna vez has pensado que estamos igual que esos carros en Cuba: golpeadas, magulladas, pero con todo eso seguimos de alguna manera funcionando?

Muchas mujeres han recibido golpes y quedaron con las heridas visibles pero igual siguen en la batalla:

🌱 Saben que el amor que tienen por sus hijos es más grande que no sienten qué les duele y hay que deben trabajar por ellos.

❦ Saben que esos golpes les han sumido hasta el alma, sin embargo esperan con ansias el día siguiente para seguir sobreviviendo. No hay tiempo de sacar el golpe.

Considerar los hechos: Los golpes se quedaron ahí, y Dios nos ha dado una capacidad extraordinaria para sobrevivir a ellos; sin embargo Él nos hizo completas, dos piernas dos manos, dos ojos, dos oídos y todo lo demás.

Aceptar y abrazar la imagen bella y genuina que traemos de la hechura de Dios (1 Corintios 6:19).

Evaluar qué fueron aquellos hechos que nos golpearon la existencia y que nos han distorsionado nuestra imagen y nuestra manera de actuar y vivir.

Visualizar: Debemos revivir la imagen de Dios en nosotras, despertar nuevamente a la verdadera hechura de la que habla la Biblia (Génesis 1:27).

Accionar: Entre más compartes tiempo con tu Padre Celestial, más lo conocerás y comenzarás a actuar como Él.

La resolución de sus problemas es lo que la mayoría de las personas buscan cuando se acercan a Dios. Por lo general vamos a Él en busca de orientación. Sin embargo si nos acercamos buscando su rostro para conocerle, experimentaremos su sanidad, descubriremos que Él desea regalarnos el renacer de lo que creíamos perdido, lo que considerábamos era solo un regalo para la época de la juventud. En su presencia podemos renovarnos en pensamiento y la fisiología. Esto es lo que muchas personas buscan cuando acuden a cirujanos plásticos; pero el Señor puede hacerte la cirugía en el corazón y de allí vendrá tu sanidad completa. Sus tés suaves y reparadores pueden ayudarte a revitalizar tu cuerpo y tu mente. Dios puede y quiere llevarte de vivir en padecimiento a vivir con propósito. Cuando somos sanadas en el alma, el cuerpo se restaura y podemos estar seguras que no importa la edad; una vez sanes, tus años de mayor productividad están por delante.

Entre más asimilas tu identidad celestial aprenderás a amarte y a apreciar lo que realmente eres: una hija de Dios, el Rey de reyes. La hija del reino que ha sido restaurada no tiene golpes en su imagen, no tiene remiendos ni prótesis para caminar. La mujer de reino funciona óptima y luce regia. Vive en su diseño original.

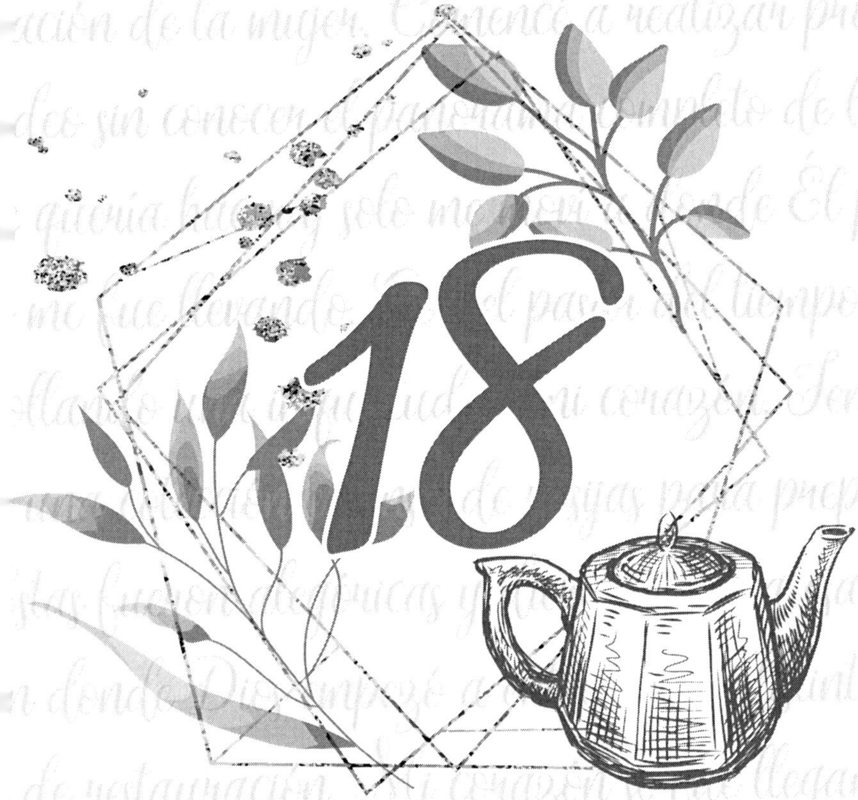

18

Té

de Pasión

Dios nos entregó a todos dones y talentos. Para vivir con verdadera pasión debemos entender el poder positivo de tus dones y también de tus limitaciones. Tú tienes dones que puedes compartir con el mundo, mi consejo es: hazlo. Continúa creciendo y contribuyendo, esa es una de nuestras necesidades más importantes de todo ser humano. Es importante contribuir a nuestro mundo con nuestros dones y talentos al tiempo que continuamos estudiando y aprendiendo. ¡Hagámoslo! Aportar trae bienestar. Todos tenemos la necesidad de contribuir y crecer y esto aumenta nuestro bienestar mental y emocional.

PERO, ¿QUÉ HACER CON NUESTRAS LIMITACIONES?

¿Qué podemos hacer cuando algo nos limita y nos restringe? Sabes, una restricción puede ser utilizada de manera positiva.

CUANDO ALGO NO TE RETA, TAMPOCO TE CAMBIA

Los hombres que nacen ricos, no necesariamente permanecen así el resto de sus vidas, muchos no se educan y otros, debido al conformismo, no van por sus sueños.

Los que nacen pobres pueden utilizar esa limitación y llenarse de pasión para progresar y decir: «yo quiero salir adelante». La limitación de vivir en la pobreza los puede llevar a decir «yo quiero y busco la manera de ir a por mi sueño». En otras palabras, lo que tienes y lo que no tienes no es lo que determina tu éxito o tu derrota. Es la pasión que le colocas a tus objetivos.

Es mejor tener fe en Dios que en todos los recursos del mundo. Porque Dios te da estrategias y la fe te hace ver lo que no se ve con los ojos físicos. Dios promete que suplirá lo que te haga falta. Dos promesas en las que podemos descansar son: «Yo puedo hacer lo que necesito hacer con Dios que me da la fuerza». Sin embargo, hay algo adicional en la promesa de las Sagradas Escrituras. Dios suplirá lo que te haga falta conforme a Sus riquezas, y no de acuerdo a tu necesidad.

Cuando estás muy satisfecha tienes la tentación de no batallar, de creer que no necesitas la fe. Por otro lado, tener limitaciones y estar consciente de tenerlas tiene el poder de hacerte ir a por lo que realmente necesitas para lograr tus objetivos.

Miremos algunos ejemplos en la historia. Beethoven era sordo y logró su sueño musical. ¿Cómo puede un músico, un compositor, carecer de lo que imaginamos que sea su sentido más importante? En una carta

Beethoven dijo: «Por supuesto, estoy decidido a superar cualquier obstáculo, pero ¿cómo será posible?» Es como si Beethoven hubiera dicho: «Sé que ya tengo mil excusas para fracasar; ahora solo me quedan ganas y pasión para intentar ir a por mis sueños».

En la Biblia estudiamos que había un hombre muy rico que tenía una limitación. Su nombre era Zaqueo y su limitación era ser bien bajito. Así que no podía valerse de lo que hacían los demás para acercarse al maestro Jesús, puesto que no le resultaba familiar, cotidiano y por tanto requería un esfuerzo de atención. Todos los demás se empinaban, todos hacían lo cotidiano, lo normal que toda persona común y corriente hace, pero Zaqueo se subió en el árbol. Él utilizo su limitación de manera positiva. Cuando utilizas tu creatividad aparecen oportunidades diferentes.

Esto es lo que hace la limitación cuando tienes pasión:

Te despierta la creatividad: Inventas lo que necesitas.

Levanta tu estima: Te toca hacerlo solo y tomas decisiones con la ayuda de Dios ya que los demás no van a apostar en ti.

Te decides por la transformación: Puedes decir: «yo voy a cambiar esto por mi bien».

Aumenta tu dependencia de Dios: porque sabes que sola no vas a poder.

Michael Jordan no es el jugador de baloncesto más alto, pues él mismo dice que lo que no tiene en estatura lo tiene en habilidad. Él quería ser el embajador de Adidas, pero al principio muchas marcas lo rechazaron. En cambio, una pequeña compañía de Oregon llamada Nike de alguna manera lo hizo unirse a su equipo, y el resto es historia. Solo años después apareció la verdad sobre por qué Adidas no lo reclutó: no era lo suficientemente alto. En aquel momento, Adidas quería un *hombre grande*, y Michael Jordán no obtuvo la compañía que quería porque era demasiado bajito.

Él dijo: «Los campeones no se convierten en campeones cuando ganan un evento, sino por las horas, semanas, meses, y años que pasan preparándose para ello. La actuación el día de la victoria es simplemente una demostración de tu carácter de campeón».

Zaqueo tenía limitaciones físicas, pero también limitaciones sociales. Él no quería ser visto por la gente, él quería ver a Jesús. Corrió el riesgo de estar en un entorno social que le era contrario y que no le aceptaba. De igual manera, muchas de nuestras limitaciones las tenemos debido a lo que los demás dicen de nosotras.

¿Qué transformación positiva traería a tu vida si Jesús entrara hoy a tu casa?

Hablemos de otras limitaciones sociales: cuando no somos capaces de decir «no».

Quisiera dejarte con la tarea de pensar

¿Cuáles son tus fortalezas? ¿Qué otras cosas son las que te limitan? Entrégale ambas a Dios. Cuando llevas tus fortalezas a Dios dejarás de caminar en modo automático; y cuando le entregas tus limitaciones vivirás feliz de ver su favor y provisión. ¡Estás en el mejor lugar para descubrir o crear algo nuevo usando tu creatividad!

19

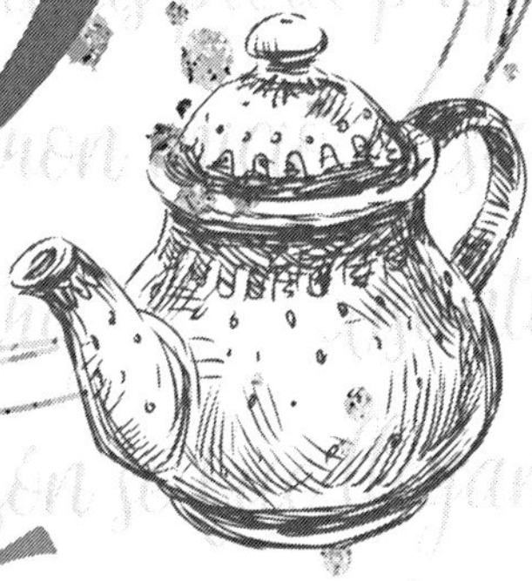

Té Blanco

Hoy vamos a hablar de cómo alcanzar nuestras metas.

🌿 Nuestra vida es un círculo; nuestros roles son como círculos concéntricos que giran alrededor de nuestro ser. Nuestros roles son nutridos de lo que nuestro ser interior carga.

🌿 Nuestra vida, nuestras relaciones o roles y lo que hacemos de vocación, trabajo o ministerial son parte importante que merecen tenerse en cuenta a la hora de manejar nuestras prioridades.

🌿 Si estás motivada, ahora mismo escribe una meta por cada área de tu vida en la que te gustaría ver cambios positivos.

¿Sabes? Al principio del año muchos de nosotros nos hacemos resoluciones de lo que queremos lograr ese año. Pero el error que cometemos es que nos comemos doce uvas y con cada uva deseamos en voz alta alcanzar un reto de magníficas proporciones. Entonces recuerda esta sugerencia: primero, todos los días podemos hacernos metas, todos los días pueden ser el día que decidas traer orden y colocar prioridades. Segundo, no debemos crear demasiado metas al mismo tiempo porque entonces perdemos el enfoque. Pongámonos unas cinco a siete al año y ¡olvidémonos de las doce uvas!

Para no olvidar que tienes un compromiso contigo misma, te invito a que escribas tus metas. Escríbelas y descríbelas de la manera más gráfica posible y que muestren no solo las acciones que tomarás, sino también cuál será la intención de cada acción. Cuando escribas la meta ten en cuenta estas directrices generales:

1. **La meta tiene que ser específica**: Aquí no estamos hablando de afirmaciones o sueños, sino de cosas concretas.

2. **Tienen que ser medibles**: Tienes que poder colocarles una cantidad, un número que te traiga motivación para llegar. Que sepas cuándo vas por la mitad o cuándo alcanzaste o superaste tu meta.

3. **Tienen que tener una fecha límite**: Si no colocas una fecha, terminarás posponiéndola.

4. **Tiene que ser desafiante para ti:** al punto de que sin Dios sería un imposible.

5. **Asegúrate que sean convincentes**: Que te estimulen de verdad a lograr el objetivo y que sea emocionantes. Para esto tienes que recordar el porqué es que quieres lograr este objetivo.

6. **Tiene que ser significativo:** para que mantengas el entusiasmo desde el principio hasta el final; porque en medio de un proyecto todo se pone difícil y si no sabes por qué es importante obtener tu objetivo, de seguro que desistirás.

7. **Tienes que ponerle pasos:** Como dice el dicho, todo camino largo comienza con un primer paso. Por eso lo más importante es saber cuál será tu primer paso y darlo.

8. **Mantén tus metas visibles:** Escríbelas en un papel que puedas ver todos los días y evalúalas periódicamente para ajustarlas a lo que vayas aprendiendo o escuchando de parte de Dios.

9. **No trates de lograr todas tus metas sola:** Tú necesitas ayuda y también inspiración para diseñar la vida maravillosa que Dios ya preparó para ti. Así que busca amigas o una comunidad donde compartir sobre las metas y objetivos divinos que te has trazado. Mi comunidad de *Té de Fe* en Facebook está a tu disposición, será un placer que te unas.

Al hacerte metas, no persigas el trofeo. Permite que el trofeo te persiga a ti.

Recuerda, los trofeos son transitorios, hoy se los gana una persona y mañana otra. Entonces, ¿cómo hacernos metas para construir una vida maravillosa?

Los premios como símbolos pueden ser transitorios, pero tú decide que vas a disfrutar el recorrido hacia tus metas. Perseguir los símbolos equivale a esforzarse por atesorar el símbolo del éxito en lugar del resultado. Esto hace difícil disfrutar del recorrido al alcance del trofeo.

Por ejemplo, un carro de cierta marca es un símbolo de estatus, ya sea financiero, de posición social o prestigio; muchos que están trabajando en sus metas financieras tienen la tentación de ir y comprarse un carro que les hace parecer que tienen el estatus al que desean llegar, pero realmente aún no han logrado su meta real de tener estabilidad financiera.

Pero si valoras la meta de la libertad financiera, te aseguro que puedes sentirte valiosa aun si viajas a pie por un tiempo mientras trabajas enfocado en el resultado que tu alma anhela.

Cuando vamos por el resultado que deseamos y no ponemos atención a la realidad, estamos actuando de acuerdo a la palabra que dice: «Pon tu delicia en Jehová y Él te dará las peticiones de tu corazón». Cuando esperas en Dios para que te guíe en todo, cuando vives orando y esperando su respuesta, cuando colocas tu plan en sus manos, entonces Él te dará las peticiones de tu corazón.

Ve por el beneficio. Los premios son símbolos. Y yo estoy muy de acuerdo en que, una vez que hayas decidido ir por una meta en Dios por el bien de tu vida, tu familia y de la humanidad, también sabrás claramente cuál será el beneficio real que obtendrás, este beneficio es un tipo de premio. Pero no olvides disfrutar del camino.

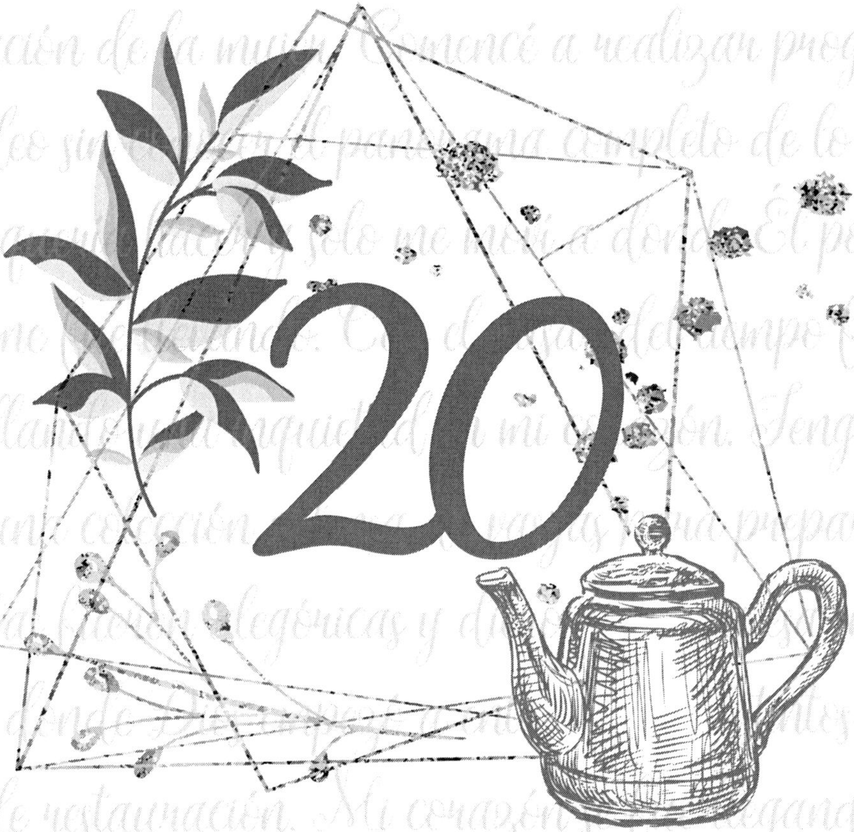

20

Té Verde

«*Al día* siguiente, le dio dos monedas de plata al encargado de la posada y le dijo: "Cuida de este hombre. Si los gastos superan esta cantidad, te pagaré la diferencia la próxima vez que pase por aquí".

—Ahora bien, ¿cuál de los tres te parece que fue el prójimo del hombre atacado por los bandidos? —preguntó Jesús.

El hombre contestó:

—El que mostró compasión.

Entonces Jesús le dijo:

—Así es, ahora ve y haz lo mismo.»

Lucas 10:35-37

El pasaje anterior nos habla de la parábola del buen samaritano. Muchas mujeres con el de corazón samaritano, como el de esta historia, se sienten frustradas porque muchos de sus sueños de ayudar e impactar vidas mayormente se ven paralizados por la falta de dinero.

Aquí viene lo importante, si el buen samaritano no hubiera tenido los medios económicos para hacerse cargo de esta obligación, quizá su buena voluntad y bondadoso corazón no se hubieran dejado conocer de la misma manera. Entonces estarán de acuerdo que el dinero es muy importante, hasta para demostrar gestos de amor.

Han existido muchos tabúes acerca del dinero en el ámbito evangélico y debido a eso muchos cristianos no prosperan. El dinero no es malo. La Palabra de Dios dice que el amor al dinero, es decir nuestro corazón, nuestra voluntad y nuestra vida no puede caminar solo en pos del dinero.

CINCO PASOS AL BIENESTAR FINANCIERO

El éxito financiero requiere de un espíritu de determinación para liberarte de tus cargas y permanecer en el camino a la libertad y bienestar en tu economía. El viaje podría no ser tan fácil como nos gustaría, ¡pero valdrá la pena!

Con esto en mente quiero invitarte a que miremos estos cinco principios importantes referentes al dinero:

PRINCIPIO # 1: TRABAJO

Si deseas el bienestar financiero y avanzar, vas a tener que estar dispuesta a trabajar duro.

Todos tenemos el poder de hacer riquezas a través de los talentos y habilidades individuales. Es nuestra opción el buscar y vivir en sabiduría.

Trabajar es mucho más que simplemente llegar temprano a tu empleo. La prosperidad financiera nos llama a vivir con excelencia e integridad, a que somos honestos y hacer el mejor trabajo que podemos hacer con lo que tenemos. ¿Estás trabajando con excelencia e integridad? Esto quiere decir que debes hacer un buen trabajo, no tener una mala actitud y por supuesto, no robar a tus empleadores, ni siquiera cosas pequeñas.

PRINCIPIO #2: INSTRUCCIÓN

Todos hemos nacido con talentos pero necesitamos instrucción para tener las habilidades para manejar nuestro dinero de manera adecuada mientras trabajamos para obtener más.

El dinero lo vamos a conseguir a través de la diligencia y el trabajo duro. Una vez que ganamos el dinero necesitamos instruirnos en el manejo del mismo. Invierte en tu aprendizaje de cómo ganar más, invierte en aprender una nueva habilidad pero estudia igualmente los principios para ser un mayordomo inteligente del dinero. Es importante educarse en estos temas y estar preparados para lo que pueda venir mañana, temporadas de abundancia así como de escasez en el hogar o en el mundo económico mundial.

PRINCIPIO # 3: DAR

La mejor manera de ser felices en esta vida es ser de bendición para otros. Soy más feliz cuando estoy dando, ya sea que esté dando mi dinero, mi tiempo, energía u otros recursos, y cuando estoy ayudando a satisfacer las necesidades de los demás.

Este principio es una parte vital de cómo manejar las finanzas en nuestro hogar. Para algunos, a menudo no tiene sentido, pero lo he experimentado una y otra vez: cuanto más das (sabiamente), más bendecido te sientes. No esperes a que tengas un millón de dólares en tus ahorros para comenzar a dar. Demasiadas personas me han hablado de sus grandes deseos de ayudar una vez que sean ellos millonarios, dejando el dar para el futuro cuando podrían estar disfrutando del dar hoy. Todos podemos dar de acuerdo a lo que tenemos. El dar nos provee un sentimiento de abundancia.

PRINCIPIO #4: GUARDAR

Asegúrate de tener una cuenta para gastos de emergencia. Es muy importante estar preparados para cualquier gasto inesperado que puede aparecer, como un neumático pinchado, una reparación de la casa o una cuenta médica. Y al tener un ahorro no tendrás que depender de las tarjetas de crédito o endeudarse cuando surge una necesidad.

La mayoría de los expertos recomiendan ahorrar el 10 % de cada cheque o pago como un ahorro personal. Si no puedes ahorrar mucho, comienza con algo, incluso si son solo centavos por mes. Igual que dar, el ejercicio de ahorrar hace más por tu actitud mental que la cantidad que das o que ahorras. Te ayuda a crecer y a permanecer en buenos hábitos financieros.

Warren Buffet dice: «Ahorra primero y gasta lo que te sobre». Pero ¿quién está dispuesto a hacerlo? Mantener un ahorro te hará ver nuevas oportunidades. Notarás, por ejemplo, que puedes trabajar horas extras o hacer un esfuerzo para obtener una bonificación al final del año.

Si quieres vivir en libertad financiera, tener ahorros es de vital importancia.

La fórmula más simple para recordar es que si un joven de 25 años comienza a ahorrar $65 al mes en una cuenta de ahorro de intereses, se hará millonario cuando cumpla 65 años. Esto es algo que vale la pena esperar.

PRINCIPIO # 5: GASTAR

Sí, el dinero también es para utilizarlo para suplir tus necesidades. Tú también necesitas gastar parte de tu dinero en cosas que necesitas y en otras que simplemente deseas. No ahorres todo para mañana y vivas como un miserable hoy. Cómprate algo que desees de vez en cuando, un nuevo par de zapatos, un vestido.

Aunque guardar es muy importante, no debes caer en la tentación de aquel que solo quiere acumular el dinero y nunca se permite gastarlo. Aquí ya no eres mayordomo del dinero sino que eres su esclavo. Si no te permites disfrutarlo sanamente necesitas revisar tu relación con el dinero. Con eso en mente, quiero compartir un par de pautas sobre el hecho de gastar el dinero.

1. Solo gasta lo que puedes pagar. Nunca llegarás a la libertad financiera si no puedes decir «no» cuando tu mente está gritando «¡lo quiero! ¡Tengo que tenerlo! ¡Lo quiero ahora!». Deja que tus emociones se aplaquen y luego decide.

2. Tienes que estar dispuesto a decir «no» cuando desesperadamente quieres algo que no necesitas o no puedes permitirte. Si de verdad lo quieres y es útil, ahorra y págalo en efectivo. Te vas a sentir tranquila y vas a poder disfrutarlo.

3. Ten cuidado de cómo actúas cuando estás feliz o cuando no lo estás. A muchos se nos va la mano cuando estamos muy tristes y a otros cuando estamos muy alegres.

21

TÉ
de Fe

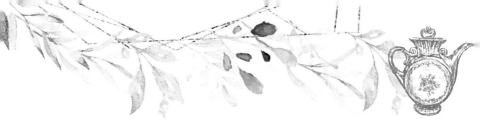

Amiga, necesitas tomarte este té de fe para desintoxicarte del peor enemigo de la fe, esto es, la incredulidad.

¿Cómo sabemos que tenemos falta de fe? Estos son los síntomas: desaliento, frialdad, indiferencia y conformismo. La falta de fe se manifiesta en las palabras que decimos, la manera en que enfocamos los problemas y cuando las situaciones nos dejan en la desesperanza y la desesperación. La fe y la duda vienen del oír constantemente lo mismo. La duda viene de decir y repetir: «No se puede».

El ingrediente que necesitamos es la esperanza. La fe está definida en las Sagradas Escrituras como la certeza de lo que se espera. Quiere decir que para tener fe tienes que esperar con la esperanza de que va a suceder algo a tu favor.

Afiánzate en la esperanza. Recuerda que la desesperación y la desesperanza son hermanas. Sin esperanza nos desesperamos y nos sentimos perdidos y sin recursos. Sin esperanza nos damos por vencidas fácilmente. Ten presente que darte por vencida es acobardarse. Así que recuerda esto:

🌱 La esperanza en Dios es el ancla de nuestras almas: nos estabiliza. Cuando esperamos en Dios recordamos que Él es fiel y que nos ama. Confía en su amor.

🍵 La esperanza es una actitud positiva del alma que espera en confianza obtener lo que desea. Dios tiene todo el poder del universo para ayudarte. Confía en su poder.

🍵 La esperanza es una espera con firmeza por los bienes o bienestar que Dios nos ha prometido. Recuérdale a tu alma lo que Dios te ha prometido: «Dios está de mi lado; tengo esperanza». Confía en sus promesas.

Somos llamados a ser *prisioneros de la esperanza*, como dice en Zacarías 9:12 (NTV):

«¡Regresen al refugio, ustedes, prisioneros, que todavía tienen esperanza! Hoy mismo prometo que les daré dos bendiciones por cada dificultad.»

¿Cómo nos llenamos de esperanza? Si ya estás desesperada, entonces tienes que cambiar las confesiones de tu boca, afianzarte en la esperanza que está dentro de ti y recordar las promesas del Señor para agarrarte de ellas y vivir con valentía.

REPITE ESTA PROMESA Y CONFIÉSALA EN VOZ ALTA

«Dios me ha dado un espíritu de poder, amor y una mente calmada, balanceada y disciplinada. Yo tengo la sabiduría de Dios y voy a comenzar a utilizar hoy todo esto que Él ya colocó en mí».

OTRO ENEMIGO DE LA FE ES LA COBARDÍA

Hoy es día de desintoxicarnos también de la cobardía, si esta es tu situación. ¿Cuál es el ingrediente que necesitas para aumentar la fe? Simplemente un espíritu de poder.

Estos son tres de los síntomas de la cobardía y ejemplos de situaciones donde el miedo llega:

1. Cuando el miedo nos impide alcanzar las metas e ideales establecidos por Dios. Por ejemplo, en la Alemania Nazi, muchos se acobardaron y no quisieron hacer nada en el momento del Holocausto.

2. Cuando la cobardía nos lleva a no querer afrontar nuestras situaciones negativas que afectan tanto nuestra vida como también la de los que dependen de nosotros. Cuando nos hacemos los ciegos y ponemos la cabeza en el piso (como el avestruz). Algo que está dañando a tus hijos, algo común como que están viendo demasiados videojuegos y tú te acobardas por miedo a los enfrentamientos. Puede que sean cosas más pesadas como lo es la violencia en el seno del hogar y por ser una situación

tan cruel que trae maltratos tú te acobardas y no te mueves a solucionar el problema.

3. Cuando el miedo nos paraliza ante la toma de decisiones cruciales en las encrucijadas de la vida. Cuando te acobardas porque la solución a tu problema requiere que hagas algo que no hiciste antes.

Las Sagradas Escrituras nos dicen que este espíritu de cobardía, timidez o temor, no viene de Dios:

«*Porque no nos ha dado Dios espíritu de cobardía, sino de poder, de amor y de dominio propio.*» 2 Timoteo 1:7 (RVR1960)

La solución es el agarrarte de esto que ya es tuyo: una mente calmada, bien balanceada (dominio propio) y controlada por el amor de Dios. Permite que el amor de Dios te controle y te impulse a la acción.

ESTAS SON ALGUNAS SUGERENCIAS PARA
AUMENTAR LA FE

1. **Confía en Dios,** Él es bueno y poderoso así que déjalo trabajar y espera en paz. El secreto de crecer en fe es el de mantener las promesas del Señor frescas en nuestro cerebro de manera que en el

momento que las necesitemos podamos decirlas en voz alta.

Así que te recomiendo aprende estos versículos de la Biblia Nueva Traducción Viviente y repítelos cuando el estrés esté ganando:

«Pongan todas sus preocupaciones y ansiedades en las manos de Dios, porque él cuida de ustedes.»
1 Pedro 5:7

«Luego dijo Jesús: "Vengan a mí todos los que están cansados y llevan cargas pesadas, y yo les daré descanso."»
Mateo 11:28

«Les dejo un regalo: paz en la mente y en el corazón. Y la paz que yo doy es un regalo que el mundo no puede dar. Así que no se angustien ni tengan miedo.»
Juan 14:27

«No se preocupen por nada; en cambio, oren por todo. Díganle a Dios lo que necesitan y denle gracias por todo lo que él ha hecho. Así experimentarán la paz de Dios, que supera todo lo que podemos entender. La paz de Dios cuidará su corazón y su mente mientras vivan en Cristo Jesús.»
Filipenses 4:6-7

«Mi mandato es: "¡Sé fuerte y valiente! No tengas miedo ni te desanimes, porque el Señor tu Dios está contigo dondequiera que vayas."»
Josué 1:9

2. Mantén tu actitud siempre positiva. Muchas personas se creen realistas pero en realidad son negativas y otras son cínicas. No te rodees de este tipo de gente que cree que el éxito es imposible. Tú decide que con fe en Dios y una actitud optimista; todas las cosas son posibles. Cuando Dios está presente en nuestra vida, todo es posible.

«Entonces Jesús dijo a los discípulos:

—*Tengan fe en Dios. Les digo la verdad, ustedes pueden decir a esta montaña: "Levántate y échate al mar", y sucederá; pero deben creer de verdad que ocurrirá y no tener ninguna duda en el corazón. Les digo, ustedes pueden orar por cualquier cosa y si creen que la han recibido, será suya.» Marcos 11:22-24*

3. En lugar de estar decepcionado sobre el lugar donde se encuentra y pensar por qué te sucede esa situación, piensa con optimismo con referencia al destino al que te diriges, planifica para hacer realidad lo que te haga falta para llegar a tu meta.

4. Existe una actitud que obstruye la fe, esta es la falta de perdón. Si continuamos leyendo en Marcos 11 vemos que Jesús nos enseña qué hacer para que nuestra fe sea activa y no encuentre ningún obstáculo:

«Les digo, ustedes pueden orar por cualquier cosa y si creen que la han recibido, será suya. Cuando estén orando, primero perdonen a todo aquel contra quien guarden rencor, para que su Padre que está en el cielo también les perdone a ustedes sus pecados.» Marcos 11:24-25

5. Transforma la adversidad en éxito al decidir que los cambios que estás experimentando o los que tienes que enfrentar debido a la adversidad, no son tus enemigos, sino tus amigos. Realmente no podemos hacer lo mismo y esperar resultados diferentes, si lo entiendes de esa manera verás los cambios como oportunidades.

Vive con *energía y el entusiasmo* por medio de la presencia activa del Espíritu Santo.

ACERCA DE LA AUTORA

Eneida González es una empresaria de origen colombiano. Experta en finanzas y protección de activos. Es fundadora de Té de fe, un programa transmitido por sus medios sociales, que se enfoca en levantar a la mujer contemporánea y establecer el camino a su renovación, siguiendo el modelo del Supremo Alfarero que forma y restaura las vasijas de barro. En la actualidad, Eneida vive en Atlanta, Georgia con su esposo y sus tres hijos Sheyla, Julio y Natalia.

Si deseas escribir a la autora, o necesitas mayor informació, puedes comunicarte a través de estas vías:

Correo electrónico:
eneidagonzalezbiz@gmail.com
Teléfono:
754-245-4180

Pagina web:
www.EneidaGonzalez.com
www.facebook.com/miTeDeFe